走向Moma 科技艺术新建筑

Museum of Modern Applied-science Architecture

当代置业 编著

主 编：韩凤国
副主编：陈 音 王 岩 姜 鹏

中国建筑工业出版社

走向Moma科技艺术新生活

当代置业总经理 韩凤国

2001 年，北京奥申委以"绿色、科技、人文"为申办主题一举赢得了 2008 年奥运会举办权，无独有偶，同一年，当代置业以"绿色、科技、人文"为主题的万国城Moma获得成功。"绿色、科技、人文"作为 21 世纪全球发展的主旋律，在飞速发展的中国具有巨大的社会价值与经济价值，成为各产业的发展方向。今天的中国建筑市场是世界建筑发展史上的一个奇观，中国的建筑规模连续几年远远超过任何国家。伴随着超大规模的建设，必然是巨大的资源与能源消耗。我国的钢材、水泥、煤炭的产量早已跃居世界第一，但仍不能满足国内市场需求。面对迅速城市化的进程，我们确实需要以可持续发展理念，来审视城市建设的未来，以"绿色、科技、人文"的精神来推动建筑产业的发展。

万国城Moma是当代置业以可持续发展理念进行住宅开发的一次大规模尝试，整合运用了国际可持续发展建筑科技的最新成果与晚期现代主义的建筑艺术理念，实现了高舒适度、微能耗与恒温恒湿的居住环境，也完美延续了北京的历史文明与建筑艺术。Moma全称为"当代科技建筑艺术馆"，英文释义为 Museum of Modern Applied—science Architecture，是科技建筑与艺术建筑的完美结晶，是美国纽约现代艺术博物馆 MoMA 形成了精神契合和升华。

万国城Moma的能耗仅为目前中国普通住宅能耗的 1/3。在长达百年的使用过程中，将为居住者节省大量能源开支与使用成本。同时，由于万国城Moma的建筑空间艺术及对历史文明的传承，能够与下一时代的产品比肩，真正为消费者带来长久的价值。万国城Moma已经成为北京、中国乃至全世界居住建筑与人居环境的优秀范例，获得了政府、专家与各界的广泛赞同与支持。

从 20 世纪 80 年代中期开始，我国住宅产业的发展经历了六个阶段。第一代、第二代住宅解决的是基本居住问题，追求的是生存空间的数量；而第三代、第四代住宅已逐渐过渡到追求生活空间的质量和住宅产品的品质；第五代住宅开始着眼于环境，追求生存空间的生态、文化环境；作为第六代住宅代表的Moma，是科技与艺术完美结合的新建筑。当代置业引进、消化、吸收、开发和整合国内外先进技术，形成了完整的Moma技术系统，拥有大部分核心技术的自主知识产权。目前我们正在从技术市场化、开发工业化与主要部品生产规模化的方向加紧推进产业化进程。Moma国家住宅产业化研发基地与Moma示范村已经启动，政府主管领导与全国各地的合作伙伴对Moma的产业化提供了很大支持，行业领导与各界人士均强烈认识到可持续发展的Moma技术是中国住宅的主要发展方向之一，而Moma的产业化进程将会为国家、为社会带来巨大的利益与价值。

在以消费者、社会为导向的价值链中，Moma获得了巨大的商业和品牌的成功，实现了社会效益、企业效益与客户价值的最大化。当代置业凭借Moma的开发逐步形成了科技主题地产的核心竞争力，打造了研发、设计、工程营造、服务管理为一体的价值链体系，提升了当代置业的品牌价值与内涵。与此同时，当代置业将继续秉承"贝尔实验室"精神，坚定不移地坚持科技主题地产、坚持用可持续发展理念进行系列住宅产品研发。我们期待更多的朋友参与其中，为社会创造财富，为客户创造高附加值，与合作伙伴分享成功，共同推动Moma产业化进程，将高舒适度、微能耗跃升至高舒适度、零能耗阶段，从而推动中国住宅产业新的飞跃。

目　录

神秘Moma

　　一个科技建筑与艺术建筑相结合的"当代科技建筑艺术馆"(Museum of Modern Applied-science Architecture)崛起在中国北京，是美国纽约现代艺术馆 MoMA 的精神契合和升华。

1 "当代孵出恐龙了"

地球曾经是一个恐龙主宰的世界,无论是平原、森林还是沼泽,到处都可以看到恐龙的身影,但它们在地球上生存了一亿三千多万年后灭绝了。

其实从历史上看,地球上已出现了五次大规模的物种灭绝,而今天,因为人类对大自然的破坏性索取,物种灭绝速度和恐龙大量灭绝时代的速度相近。今天,万国城Moma以可持续性的发展战略,以大量的科研实践,实现了建筑的微能耗,为人类,为地球节约资源作

出了自己应有的贡献。而万国城Moma的恒温恒湿更是营造了一个适合"恐龙复生"的远古生态环境,实现了人们对于保护生态环境,保护人类文化和生存条件的诉求。

万国城Moma孵出恐龙,不是神话!

1.1 迷失

过去我们花很多钱做山、做水、做会所,而不愿意在其他东西上花钱。因为像水管这样的隐蔽工程的确是客户不大看得出来的。由于我们修了喷泉、会所,一天就卖很多套房子。这是历史的原因。

国务院发展研究中心2003年初在"国家综合能源战略以及政策研究"中指出:我国既有的近400亿m²建筑中99%属于高能耗建筑,新建建筑中,95%以上仍然是高能耗建筑,单位建筑面积能源消耗为发达国家的3倍以上。

瑞典皇家工学院建筑系教授古尼·约翰纳松是欧洲建筑界颇具知名度的专家,他考察了北京近几年的新建筑之后说:"按北京的气候条件,所有的房子外层都该有10~15cm厚的保温隔热层才对,但这样做的几乎没有。"瑞士苏黎世联邦高等工科大学建筑技术学院的田原博士说:"北京的建筑设计更多的是做造型设计,而没有对建筑节能进行优化设计。"

……

目前,在房地产市场空前繁荣的背后,隐藏着种种的迷茫与困惑。

一方面,越来越多的关于"空调病"、"室内污染"的报道见诸报端。人们从来没有像现在这样,受到来自住宅本身这么多的"攻击"。另一方面,日益严重的能源危机和生态恶化,水荒、油荒、臭氧空洞、温室效应……,使得人们开始重视保持生态平衡,走可持续发展之路。

作为社会的一员,房地产开发企业的发展必须跟社会的发展结合起来,任何损害社会利益以获取自身利益的做法,都是一种短视行为和对社会极大的不负责任。

走可持续发展之路将是房地产发展商们的必然选择,无论从地球环境的角度,还是从居住者长久的居住利益角度,或是从造福子孙后代的角度,我们都必须开发建设高舒适度、微能耗、可持续发展的产品。

谁,将从迷茫中突围?

1.2 突围

土地是房地产最重要的资源,是其赖以生存的土壤。从土地的时代远见出发,占据市中心核心地段,决心要"给最好的地以最好的规划与开发",以"Moma研发基地"为平台,组建世界级规划团队,精心打造万国城Moma产品。

——当代置业Moma理念

从1999年的满庭芳园,2000年的当代城市家园,2001年的当代青云大厦,到2002年的万国城,当代置业,一个"精益地产缔造者"的形象逐渐清晰。

2003年6月,当代置业推出了恒温恒湿、高舒适度、微能耗的新产品——万国城Moma。当代置业完成了"建筑科技与艺术相结合"的历史使命。

当代置业成功突围!

"Moma研发基地"成员简介

韩凤国

当代置业总经理；高级经济师，中国社会科学院研究生院MBA，商业经济专业硕士；2004年获"地产先锋人物奖"；1983年以来主持开发了总规模120万㎡以上的住宅小区；其主持开发的万国城Moma奠定了当代置业"科技主题地产"的领先地位。

陈音

当代置业总工程师；全国工商联住宅产业商会专家顾问；在20余年的工作实践中，积累了工程专业教学、建筑设计、建设项目管理、房地产开发等方面的丰富经验；作为工程技术专家，参与编制中国生态住宅技术评估手册、中国绿色建筑技术规范等行业技术文件。

王岩

当代置业副总经理、研发中心总监；天津大学建筑学硕士，清华大学EMBA在读；具有十余年房地产开发经验，先后从事研发、建筑规划设计、项目可行性研究、全程营销策划等相关工作。

迪特玛·艾柏利（Dietmar Eberle）

奥地利晚期现代主义大师，高舒适度、微能耗新住宅的推动者；世界建筑领域光影营造大师；丹麦女王"绿色徽章"（GREEN PIN）获奖者；德国柏林建筑展顾问委员会成员；1997－2000年柏林建筑展顾问委员会成员。

布鲁诺·凯乐（Bruno Keller）

瑞士苏黎世联邦高等工科大学建筑物理学家、建筑系董事会成员；瑞士国家建筑和节能高级标准委员会委员；建筑能量应用委员会委员；世界保温节能玻璃窗的发明者；主持过世界第一座微能耗玻璃建筑 Tower Bolexer 项目，其设计的节能建筑物理新技术最初在瑞士研制诞生，经实践应用后传到欧洲、加拿大，并最终在全世界使用。

斯蒂文·霍尔（Steven Holl）

美国哥伦比亚大学建筑学院终身教授；当今国际新一代建筑大师中的代表人物，2001年被美国《时代》周刊评为美国最佳建筑师；20世纪90年代以来，他的设计作品频频获奖，包括1998年的 Alvar Aalto 奖章、美国建筑师协会金奖、美国进步建筑奖等数十项。

1.2.1 源自实验和探索

早在 2001 年 1 月，当代置业以"贝尔实验室"的精神成立了"Moma研发基地"。同年 11 月，全国工商联住宅产业商会强势加盟，推出了我国第一部《中国生态住宅技术评估手册》，从小区环境规划设计、能源与环境、室内环境质量、小区水环境、材料与资源等五个方面对居住小区进行全面评价。2002 年年初，一大批来自国内外的著名专家学者相继加盟，大大提升了"Moma研发基地"的研发实力。

"Moma研发基地"是国内第一个由开发商设立的以住宅科技为研究课题的实验室。当代置业在寸土寸金的东直门"万国城"项目中划出一片土地，投入巨资建设"Moma研发基地"。当代置业相信，"Moma研发基地"必将促进"建筑科技与艺术的完美结合"，掀起新一轮"住宅革命"，给社会带来巨大的财富。

"Moma研发基地"本着引进、消化、研发、创新的科研理念，做了大量的实验和实践工作。研发基地的主要研究课题集中在住宅的高舒适度、建筑节能、能源对环境的影响、室内家居集成等方面，系统地从住宅规划、能源配套、设计、建材甚至居住者的生活方式入手，把Moma产品塑造成为一个绿色、科技、人文的建筑艺术作品，满足居住者对生活高品质的要求，实现住宅的生态环保和人文关怀。

1.2.2 欧洲的榜样力量

瑞士中部有个小镇名叫洛斯，她很受瑞士富人垂青，许多大富豪选择在此居住(图1—1)。

这里地处阿尔卑斯山区，冬天雪多风大，气候寒冷，而夏天日照时间长，反光强，紫外线尤其厉害，温差也很大。在这样的气候条件下，这个具有上千年历史的小镇，形成了自己独特的建筑风格：建筑物的墙体厚，窗户呈喇叭形，外口大、内口小。这种建筑物有几大特点。其一，冬天保暖。窗户是散热的主要通道之一，窗户面积减少了，散热自然也就慢了，会将尽可能多的热量留在屋内。其二，夏天凉快。小窗户尽量将太阳的热量与辐射挡在屋外，只要能保证有足够的光线就行了。其三，采光好。喇叭口造形窗可获得更多的阳光。其四，防止风沙。窗户外有一个木板门，可在风沙大时将其关上。小镇的建筑物经历了几百年的变迁，始终保持了这种自然风格。自20世纪80年代以来，随着玻璃导热技术的改进，当地百姓建房时适当扩大了窗户，但仍保留了喇叭形窗户。

从洛斯小镇上建筑风格的延续与改良，我们看到的是瑞士人如何因地制宜，充分根据当地的自然条件来建造适合当地气候条件的建筑，以增加居住者的舒适度，同时降低能耗。

其实，洛斯并不是欧洲的个案。冬暖夏凉，采光好，尽可能地让建筑物内部保持一个高舒适度的环境，是目前欧洲建筑界普遍追求的目标。欧洲在20世纪70年代经历两次能源危机后，大力倡导、推广节能建筑。

2002 年春天，建设部科技发展促进中心组织了一次业内讲座，邀请瑞士苏黎世联邦高等工科大学建筑技术学院教授布鲁诺·凯乐博士、世界著名建筑师迪特玛·艾柏利教授主讲欧洲建筑技术发展趋势，引起当代置业极大的兴趣和高度的重视。总经理韩凤国敏锐地意识到，利用先进科技提高住宅品质将是未来房地产发展的方向。

图1-1 榜样的力量——欧洲小镇

1.2.3 从十万份问卷出发，向消费者学习

北京人需要什么样的房子？当代置业提出问卷调查的构想，并发出10万份问卷，将触角伸向了北京人生活的方方面面：北京人想住什么样的房子？现在人们对于居住环境有什么要求？一周内使用浴缸的几率是多少？厨房中要有几个专用的插座？……大到空间的构架，小到浴缸的深度，以及室内空间声、光、热与空气环境等居住需求。从诸多平常不被人关注的生活细节入手，对北京居住环境进行详尽调研，检讨北京的人居现状，问卷获得热烈回应，回函率高达89％！

问卷结果表明，健康、舒适、节能已经成为人们最理想的居住环境。

北京的10万份调查问卷，向消费者学习，使当代置业获益匪浅。

1.2.4 几易设计稿

万国城Moma规划设计伊始，"Moma研发基地"与世界著名的建筑物理学家布鲁诺·凯乐（Bruno Keller）博士和晚期现代主义大师、世界建筑领域光影营造大师迪特玛·艾柏利（Dietmar Eberle）教授一道，全身心地投入到万国城Moma的规划设计工作中来。

从2002年7月，万国城Moma的设计初稿完成，到2003年6月，设计稿最终确认。期间，"Moma研发基地"与两位大师对诸多细节认真修改推敲，数易其稿，精益求精。为了设计出令消费者满意的产品，设计团队一次次地请教、访谈相关学者、专家、艺术家、业界、各个阶层客户，最终确立了建筑科技与艺术相结合的高舒适度、微能耗的新建筑模式。

1.3 出场

万国城Moma，已成为东直门国门商务区地标性建筑！

2003年春，SARS肆虐。人们越来越关注健康，关注安全，对住宅的规划设计、建筑形态、生态环境、绿化景观、配套设施等方面进行全方位的反思。

同时，"电荒"、"煤荒"在中国半数以上省份出现，人们惊叹：我们的能源和资源还能否支撑经济的快速持续发展？

正是在这两个背景下，2003年6月16日，万国城Moma在媒体聚焦中登场，海内外多家主流媒体竞相报道。这是值得当代人记住的日子，因为这一天标志着建筑科技与艺术完美结合的高舒适度、微能耗的万国城Moma的诞生。

万国城Moma一经推出，受到业界的广泛关注和市场的热烈追捧。短短一个月，首期推出的104套单价在300万元以上的"豪宅"销售一空……

沉静的出场，辉煌的成功，意料之中，又在意料之外。

2003年8月9日，"万国城Moma室内环境与住宅设备新技术工程研讨会"在京举行，当代置业总工程师陈音先生（图1-2）介绍万国城Moma项目后，11位著名专家相继发言，给予了很高评价。

开彦（国家住宅与居住环境工程中心副总建筑师）

Moma技术系统改变了我们制冷采暖的常规思维方法，而是用一种新的方法、新的手段，给室内创造一个四季如春的感觉。

涂逢祥（中国建筑业协会节能专业委员会会长）

时代应该呼唤一些有责任心、有远见的开发商，把我们国家如此大量的房屋建筑，建成高舒适度微能耗的建筑。

徐伟（中国建筑科学院研究院空调所所长）

我认为万国城Moma在锋尚的基础上，使用今天这一新的物理系统，是往前进了一步，技术上也是往前发展了一步。

杨善勤（中国建筑科学研究院建筑物理研究所高工）

图1-2 当代置业总工程师陈音先生发表演讲

我想说,为什么微能耗住宅能够达到高舒适度呢?因为万国城Moma墙体的保温很好,窗户采用高效保温节能的技术,甚至将国际上最先进的技术都采用了。

朱文俊(北京百年建筑文化交流中心总经理)

关于高舒适度、微能耗技术,锋尚在整个过程当中介入还是比较晚,因为当时锋尚项目已经到了施工的阶段了。而现在当代置业这个万国城Moma项目,我觉得会比锋尚更好一些,因为从最早的方案阶段就开始介入,建筑设计和系统设计同步进行,另外有各个专业的配合,我相信最终的效果要比锋尚更加好。万国城Moma应该是在中国建筑技术和建筑设计的结合上的一个新的里程碑。

1.4 荣耀

万国城Moma的诞生,无疑是建筑史中辉煌的一页。于是,各种荣耀接踵而至。

2003年7月16日,全国工商联住宅产业商会和《经济观察报》共同主办的"健康住区"领军企业评选中,当代置业首获"健康住区"领军企业称号(图1-3)。

2004年新年伊始,在建设部科学技术委员会、中国房地产及住宅研究会、中国房地产业协会城市开发专业委员会和《中国建设报·中国楼市》等单位共同举办的2003′CHIC中国房地产年度(人物、企业)双榜评选中,当代置业日获双奖,艳惊四座。其中,当代置业被评为"中国房地产建筑产品创新十强",当代集团总

图1-3 万国城Moma获得健康住区奖

裁张雷先生当选"中国房地产十佳品牌人物"。

日获双奖的奇迹还在继续。2004年4月11日，万国城Moma获得由中国艺术研究院建筑艺术研究所主办的"中国建筑艺术奖（住宅类）"大奖（图1-4），当代集团总裁张雷先生同时获得"中国建筑艺术奖（个人类）"大奖。

图1-4 万国城Moma荣获中国建筑艺术奖

这三个奖项确立了万国城**Moma**在中国地产界科技主题地产的领军地位。

2004年国家级健康住宅建设新标准出台。4月22日，万国城**Moma**从全国百余个申报项目中脱颖而出，成为北京4个试点项目中惟一的市中心高档住宅。

2004年9月20日，当代置业和万国城**Moma**被评选为京城惟一获得"2004年首届中国国际建筑艺术双年展国际居住建筑艺术综合金奖"的企业及项目。

2004年11月9日，万国城**Moma**获得由亚洲人居环境协会、亚洲房地产学会、中国人居环境委员会等机构主办的"亚洲人居环境国际峰会"颁发的惟一一项"亚洲绿色生态健康人居科技应用奖"，同时，当代集团总裁张雷先生荣膺中国地产发展的"十年影响力人物奖"。

2004年12月2日，万国城**Moma**获得中国工商联住宅产业商会"精瑞住宅科学技术奖"评奖委员会颁发的"住区绿色生态技术奖金奖"(图1-5)，当代置业获得"中国房地产十大领军企业"。

来自政府领导的关怀和肯定，令全体当代人欢欣鼓舞。

2004年11月18日，北京市市长王岐山视察万国城**Moma**样板间，听取了当代置业总工程师陈音的汇报。

2004年11月23日，建设部原副部长宋春华一行参观万国城**Moma**样板间，对万国城**Moma**高舒适度、微能耗、节能环保等特点给予了高度评价。

万国城**Moma**尚在建设之中就屡获大奖，一方面是对当代置业的肯定和赞誉，另一方面反映了消费者对"高舒适度、微能耗"新型住宅的喜爱和需求。

图1-5 万国城Moma获得"住区绿色生态技术金奖"

2　万国城Moma体验之旅

体验过万国城Moma样板间的多位客户来电来函，盛赞万国城Moma是他们"宝宝"的最佳住所。其实，他们只说对了问题的一半。

紧张的工作节奏和现代都市的生活方式，使得都市人的抵抗力和免疫力下降，在日益严重的环境污染、生态失衡面前，变得更加像婴儿般"脆弱"。万国城Moma通过十大核心技术，不仅做到了呵护、关爱婴儿，更是为现代都市人营造了一个呵护婴儿般的居住环境。

在万国城Moma，恒温恒湿系统令室内温湿度四季恒定（温度20~26℃，相对湿度30%~70%），一个最适合人类居住的温湿环境 全新风置换系统能长久保持室内空气新鲜，有效去除污染空气，让人时刻呼吸到最新鲜的空气；LOW-E玻璃和外遮阳系统隔声隔热效果出众；地漏优化设计更好地杜绝了细菌滋生，保障全家免受病菌侵袭；中央吸尘系统消除了室内粉尘污染，还你一个洁净的家居空间……

还等什么？让我们一起开始Moma的体验之旅吧！

2.1　十大技术

任何时候，建筑设计都不能脱离技术，随着技术发展，两者的融合会使建筑具有更好的生命力。

——Moma研发基地

万国城Moma恒温恒湿、高舒适度、微能耗的完美体验，其技术基础源自建筑物理学家凯乐教授革命性的建筑物理技术。"Moma研发基地"在引进、消化、研发、创新的基础上，最终形成了Moma十大核心技术，它们分别是：恒温顶棚柔和辐射冷暖系统、恒湿全置换新风系统、外墙优化系统、外遮阳及窗优化系统、屋面优化系统、厨房及排水优化系统、防噪声优化系统、中央除尘优化系统、智能化电梯系统、水处理优化系统。

十大技术系统营造的舒适、健康、安全的室内物理环境，将给人们带来完美的居住体验。

热环境：包括温度环境和湿度环境、风速、新鲜空气补充等。万国城Moma的"恒温恒湿"对温度的要求是夏天任何情况下不高于26℃，冬季任何朝向、任何条件下不低于20℃。恒湿是通过一套中央新风系统调节湿度，利用控制新风的湿度控制室内的湿度，并使它在相对湿度30%~70%的范围内波动。

光环境：万国城Moma的玻璃统一采用中空镀膜LOW-E玻璃，对阳光中长波波段的电磁波进行有效反射，而允许可见光波段辐射通过，保证居室充足采光和

杀灭病菌。

保温：万国城**Moma**采用外墙外保温加空气层加干挂装饰层的形式，这种形式不占用室内面积，保温性能也远高于一般的外保温。

隔声：万国城**Moma**选用加厚外墙系统及中空镀膜LOW-E玻璃，可有效防止室外噪声传入。而在地板铺设的设计上，采用隔声龙骨架空地板，隔声效果远非普通地板能比。

节能：万国城**Moma**采用世界顶尖的微能耗节能技术系统，在保证室内环境舒适度的同时，可节省大量能源消耗，符合可持续发展的方向。

万国城**Moma**的设计建造不仅是当代置业以可持续发展战略指导房地产开发的一次大规模尝试，对中国而言，也是世界先进建筑技术与建筑材料应用的一次伟大实践。

2.2 三大理念

在瑞士高等联邦工科大学里面有非常多、非常著名的建筑师，我们选择艾柏利，是因为他不仅能够做很好的设计，而且他还很了解人最基本的舒适要求，很理解基本的自然定律。

——布鲁诺·凯乐

完美的**Moma**十大技术核心系统给万国城**Moma**以最强有力的科技支撑，而要最大限度发挥系统功能，离不开好的建筑设计师的卓越设计。凯乐想到了他在瑞士联邦高等工科大学的同事，也是好朋友，国际著名的晚期现代主义大师、世界建筑领域光影营造大师艾柏利教授。最终，在"**Moma**研发基地"的盛情邀请下，艾柏利欣然加盟。

艾柏利始终坚持自己的创作原则：注重建筑与建筑、建筑与自然、建筑与人之间的和谐互动。

在"**Moma**研发基地"的安排下，艾柏利来中国考察了很多次，从古老建筑到现代建筑，从中吸取优秀元素，最终形成了万国城**Moma**设计的三大理念：

2.2.1 让住宅成为历史的一部分

艾柏利认为，建筑不仅要考虑现在，还要考虑过去的历史文化和未来社会与高科技的发展；建筑不仅要考虑居住者的需要，还要考虑与文化的融合及社会的发展。因为建筑具有公众属性，它是属于城市的一部分，不只现在，还包括未来。建筑具有很强的文化性，并且带有时代的烙印。

住宅的寿命本应该更长，至少要维持60～70年以上，可是在现实中，因为经济、市场、技术的因素、住宅往往在30～35年以内，就因为不符合居住者的需求而被拆除了。因此，如何让住宅长寿，令其能适应现在甚至更远未来的发展，是建筑师必须要考虑的事情。

基于这种思考角度，艾柏利将历史的印记融入自己的设计之中。他的建筑通常都是富有极强的地域人文特征，最能代表该地区的特有文化，是建筑在文化艺术方面对历史的一种印证。

出自艾柏利之手的万国城Moma，用紫铜窗框渗透出古都的风貌，紫铜的光泽体现出自然的永恒与建筑的生命，用极富中国特色的织锦外立面宣告着它优秀的东方传统。

2.2.2 人是居住环境的主体，一切以人为本

当然，艾柏利对建筑的见解不仅仅体现在对外观的印象上。对于住宅，他更关注居于其中的主体——人。人是衡量一切事物的主体，人在所有地方都居于主导地位；空间是建筑的主角，人是空间的主角；每一个人都是家的中心，每一个家庭成员都可以深切地感受到自己作为主体被尊重的感觉。

因此，艾柏利从人出发，以人居住舒适为中心，营造了一个充满人性的居住空间。在他看来，主导设计的因素不是技术，而是高度的宁静、放松和自然；空间的舒适，不仅要温度适宜、空气新鲜，还要让人感觉很享受与接近自然；建筑的舒适不仅是物理性上的健康舒适，还应包括精神上，即一个建筑所创造出的非常放松、不紧张、随意自由的享受空间（图2-1，图2-2）。

艾柏利解释说："对城市贡献最大的，正是住宅。怎样使居民更健康地生活，完全体现在人居上面。"

在万国城Moma中，艾柏利以人性化的细节体现出住宅的生命力。居室内，许多扇落地大窗，把受光面分割成长条，阳光拉长了，光影在室内跳舞。人性化的窗框成为四季阳光的最佳捕手，南向窗框是八字形，东向窗框是直角梯形，北向是矩形，这都经过了周密的计算。东南角最好的位置，一般建筑设计中不是主卧，就是客厅，艾伯利安排的却是餐厅，因为用餐时间是家人团聚、气氛最融洽的时间。万国城Moma市场反映热烈，恰恰证明了人们对这种人性化建筑的喜爱。

2.2.3 建筑的寿命不是短短几十年

解释万国城Moma的核心思想时，艾柏利说，希望通过建筑本身，创造一种无形的自然环境，就像北京老城一样，建筑与自然相融合。同时，不仅是做环境、做气氛，还要考虑技术、节能、可持续发展，达到"舒适更多一点、能量消耗更少一点。这一点必须严肃对待"，他指的就是高舒适度、微能耗的住宅建筑技术，因此，我们致力于研究材料、外形、性能，每一个细节。最终，所有人都会爱上这个建筑。

建筑可持续发展的意义，不只是材料技术上的，还要考虑建筑的一种长期身份，很多年后居住者还是会喜欢并愿意居住在里面，并且它的长久存在不会给环境带来污染。因此，在材料的选择上，要考虑地方性、人居住的健康性及将来的可持续发展性。艾柏利正是本着这个原则为他的作品选择用材，以可持续发展为出发点，遵循环保无公害的生态理念，建筑体涉及的全部材料均经悉心遴选，严格控制各种辐射及有害物质。

艾柏利始终坚持，建筑绝不是孤立的，而是同它的

图 2-1 万国城Moma样板间客厅

图 2-2 万国城Moma样板间

外部环境有着不可分割的联系,它们之间应该是一种对话关系,互相衬托,互增光彩。他将特殊材质运用于建筑之上,高舒适度、微能耗,体现生命的循环,体现建筑的生命感。

2.3 真实样板间

万国城Moma恒温恒湿样板间,以其建筑形态以及建筑物理的完美结合,营造出建筑科技与艺术高度统一的新建筑,堪称北京惟一。

——万国城Moma骄傲宣言

2.3.1 "砸"出来的样板间

万国城Moma样板间的工程施工,是当代置业工程部每一位员工迄今为止做过的最难、标准最高的工程(图2-3)。

样板间施工的难度在于它的多项高标准,这些不仅是"Moma研发基地"的设计要求,也是当代置业几位领导确立的严格标准。

在万国城Moma样板间正式对外公布之前的一个月,样板间9cm的加厚户门,先后被当代置业总经理韩凤国下令砸了7次。

图2-3 "砸"出来的样板间

图 2-4 健康安全的居住环境

通常，住宅户门采用的是4～4.5cm厚的门板，为了能够起到更好的隔声防尘作用，万国城Moma把门板加厚到9cm。不要小看这多出来的几厘米，给施工造成的困难成几何数字增加。第一次装好门后，加厚的门板没有按要求与墙面在一个水平面上，韩凤国告诉大家，为了便于业主日后清洁门框的装饰线，必须砸了重装。

为了业主摆放家具时，家具能够紧贴墙面，不留缝隙，也为了使家具挡住的墙面保持清洁，万国城Moma中所有踢脚线都设计成与墙面保持水平。就在施工单位好不容易找齐了门板和墙面后，韩凤国又发现墙面与踢脚线错位了，接着砸。

一般的住宅户门与地面都有或大或小的缝隙，这既不利于室内的保温隔声，又不利于室内的防尘。万国城Moma户门与地面相接处加了一个滚珠，一旦户门关闭，滚珠落下，会自动落下一个皮条，挡住那条缝隙。第三次砸门就是因为滚珠落不下去，导致皮条没法挡住那条缝隙。

……

就这样，反反复复装了7次，户门才算在韩凤国"挑剔"的眼光下过关（图2-4）。

按照万国城Moma标准，设计图纸上的很多东西都是国内市场上没有的，都不是大众产品，需要从国外进口或是量身定做，因此可以说每一个细节都是新的，都是以前国内施工中从没有过的。

最终，历尽艰辛，万国城Moma的样板间终于如期打造成功。

2.3.2 有朋自八方来

在万国城Moma样板间完成后，各路宾客纷至沓来。

从2003年9月，从中国房地产协会组团参观Moma样板间开始，截至2004年7月，万国城Moma样板间共接待了517位权威专家，64个组团，其中包括：

30位业界权威专家

29位专家学者

9位日本建筑专家

图2-5 童趣

1位德国建筑节能专家

5位台湾业界领袖

56位开发商总裁

97位其他行业权威专家

50个开发商组团

12个学术单位

2个媒体联合采访团

……

2004年4月12日，台北101大厦总经理林鸿明参观万国城Moma样板间，发出了"世界最高的建筑是101；世界品质最高的住宅是Moma"的赞叹。

"它想得非常周到，如果我也是住在北京的话，我也会想住在这里。如果有机会，我也希望在台湾这样做。"林鸿明对万国城Moma的喜爱之情溢于言表（图2-5，图2-6）。

2004年4月，日本独立行政法人建筑研究所总监坊坦和明一行9人参观万国城Moma样板间。日本专家参观后表示：我们感到非常惊讶，因为这样的房子和这样先进的系统，在日本都没有见过。

……

当代置业将一个真实、完美的Moma展现给大家，收获的是接踵而至的赞誉和荣耀，以及一个个感人的Moma体验故事。

2.4 Moma的八个故事

发生在万国城Moma的感人故事非常多，我们希望下面精选的八个Moma故事，能带给您身临其境的感受。

中国的消费者是最朴素的、最真切的。随着经济、

图 2-6 阳光餐厅

文化水平的日益提高，朴素、真切的消费心理一直没变，但更多了一份理性的挑剔和专业的辨别力。不好的产品，他们弃之如敝屣；对于好的产品，他们也不会吝啬他们的赞美之词。

样板间开放以来，当代置业不断收到参观者的来函来电，讲述自己对万国城Moma的体验故事。语言有华美的，有朴实的；有洋洋上万言的，也有寥寥几百字的。当代置业精选了100个故事装订成册。根据故事的内容角度，下面从中精选出八个故事，与读者朋友们分享。

故事1：新亲子关系进行时

找到万国城Moma算是我爱护宝宝的第一步。

——刘太太

可能是每个怀孕期间女人的焦虑症，对孩子的爱过了头，总觉得身边到处是危险。空气污染、水质污染、噪声污染、电磁辐射污染、药物污染……太多事情想起来就怕，总担心会影响到未来孩子的健康。我和先生都已经快35岁了，肚子里的孩子又是第一胎，因此我们都格外小心，一心想买个好一点的房子，让宝宝一出生

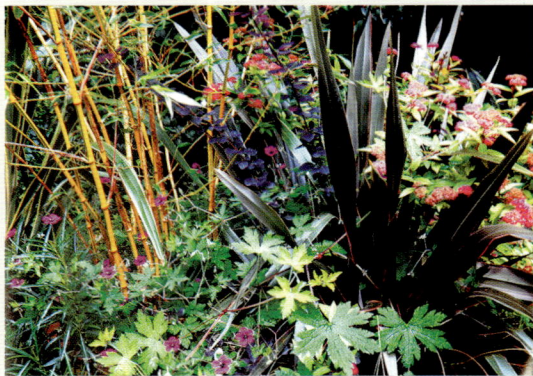

就能享受到健康安全的居住环境。

没有母亲不爱自己的孩子，我对未来宝宝非常在意，很担心他／她将来过得会不会好，能不能健康茁壮地成长。尤其我会想到，宝宝还是婴儿的时候要怎样，大一点要怎样。孩子的成长是一个不算短的过程，每个阶段都有要特别注意的地方。我知道我真的是太紧张了，但是我也真的希望买一个好房子，让孩子出生以后，甚至在成长阶段都能被很好地照顾（图2-7）。

婴儿是很娇弱的小生命，稍不留心就会受伤，生了病的话，不但不容易好，而且治病也很麻烦。我曾经见过小婴儿在医院输液，由于血管太细，只能从脑袋上扎进去，孩子哭，大人也跟着哭，我的心都一阵阵发紧。当时我就下定决心：一定要为我的孩子将伤害减到最小，尽量避免生病，不让那种令人心疼的场景在我宝宝的生活中出现。

找到万国城Moma算是我爱护宝宝的第一步。在万国城Moma里面，恒温恒湿的环境，孕妇住在里面就不容易生病，不用吃药也不用担心药物对胎儿的危害，等将来孩子出生了，坐月子也会很舒服。婴儿的身体弱，很容易感冒，夏天又容易因为热而起一身的痱子。在万国城Moma就再也不必担心会着凉和起痱子，因为20~26℃的温度及30%~70%的相对湿度对婴儿来说，也是最适宜的。万国城Moma的无尘空间还能减少细菌和空气污染，令宝宝娇嫩的肌肤得到很好的呵护，这很让我放心。

那天看样板间的时候我就在想，这样的竹木地板，没有把手的柜子，宽敞简洁的室内设计，就算小孩子长大一点，到处乱跑乱爬的时候我都不用太担

图 2-7 亲情

心他／她会磕着碰着。即使在小孩最让人头疼、乱抓东西往嘴里塞的阶段，也会因为家里没有灰尘、细菌，很干净，而让我放心许多……

虽然入住还要等一段时间，但是有了万国城Moma这个"好保姆"，我就不怕宝宝会受伤害了，因为我知道，它会保护我和孩子的健康，让孩子快快乐乐地长大。

故事2：更先进的"加湿器"

气候的影响使得人们离不开湿度的调节，因此，万国城Moma这个更加先进的"加湿器"产生了。

——王先生

由于北京干燥多风的气候，加湿器越来越多地被住户用作室内调节湿度的工具。但加湿器本身并不卫生，它所产生的局部潮湿会滋生细菌，因此对加湿器本身容器的清洁要求很高，如果做不好很有可能会引发传染疾病。北京的水质不好，不像国外那样都是能直接饮用的水，因此有很多水碱，洒在身上对皮肤不太好。如果将加湿器长时间放在同一个地方喷，还会对周围的物品产生影响，令家具上形成水渍，既不好看也损伤那些高级家具。

但是气候的影响又使得人们离不开湿度的调节，因此，万国城Moma这个更加先进的"加湿器"产生了。万国城Moma先进的恒湿恒温系统能将相对湿度控制在30%～70%，不会随着季节、气候的变化而变化，恒定而持久，就像常年开着一个加湿器。但万国城Moma这套加温系统又比加湿器好了很多：首先它是大面积的，整个屋子的加湿，而不是某个角落，这样就省去了拿着加湿器到处跑的麻烦，也不用为了让每个房间加湿而买好几个加湿器。在万国城Moma，只需一个系统，让

你身处任何一个房间，都能感受到合适的湿度。

其次，万国城Moma输送的加湿过的空气都是经过严格的处理的，绝对纯净，不会传播病菌。并且由于是整个房间的整体加湿，避免了产生局部潮湿而滋生细菌。当然，万国城Moma并不是直接喷水加湿，而是通过对输送到室内的空气加湿而调节湿度，都是细微的氧分子而不是较大的水分子，因而不会有那么多水碱产生，也就自然不会对人体皮肤和室内家具产生影响，也就保障了身体的健康和保养了家具。

故事3：爱干净的房子

高档社区的品质就应该在细节之处体现，而全置换新风系统、中央除尘系统这些细节正是万国城Moma品质所在。

——梁先生

我天生有洁癖，不要说脏的东西，就是有点灰尘，甚至空气不新鲜我都受不了。所以生活在北京这个灰尘、粉尘污染严重，空气质量欠佳的都市里，我真的很不舒服。每天都要打扫灰尘，还要时刻注意开窗通风，避免空气污浊。可是由于工作关系，我每天非常忙，很少在家，不能经常开窗。把窗户开着出门又怕有风沙进来，以至于现在家里的空气环境很不好。所以我一直想找一种方法，既能使屋内溢满新鲜空气又能避免灰尘进来（图2-8）。

我觉得万国城Moma的全置换新风系统正合我意，不用开窗也有新鲜空气不停地送入。万国城Moma的通风系统不是制冷制热的载体，因此送风只是为了保证空气质量。全置换式的新风传输方式是一种健康的做法，

图 2-8 纯净

所有的新风都从房间下部送入，从顶部的排气孔排出，带走各种混浊气体，使室内的空气永远都是新鲜的，不是像中央空调那样重复使用混合新风，造成细菌的交叉感染。万国城Moma的新风来自80m的高空，新风在送入室内前，要经过调温调湿、消毒和过滤除尘，所以送入室内的空气不单单是新鲜的室外空气，而且是最适合人体舒适度的新风。有了这个先进的系统，我再也不用担心室内环境了。即使长时间不开窗，室内空气依然清爽如新，经过过滤的新风绝不用担心会有灰尘钻进来。再加上万国城Moma还有一套完备的中央除尘系统，可以把室内一切灰尘都清扫得干干净净，不留痕迹，令我的清扫工作减轻了许多。

我认为高档社区的品质就应该在细节之处体现，而全置换新风系统、中央除尘系统这些细节正是品质所在。

故事4：玻璃专家

正因为我对LOW-E玻璃的了解与认识，我才更加佩服开发商的做法和魄力。

——吴先生

我在香港从事的工作与玻璃有关，因此我对玻璃非常在行。我知道真正好的玻璃不仅仅是挡风遮雨的"伞"，更是隔热保温、防辐射的"墙"。

当我知道万国城Moma的窗户采用LOW-E中空镀膜玻璃时特别激动，因为我自己对LOW-E玻璃非常懂。

金属镀膜LOW-E玻璃是一个升级换代的产品，其透光率高，能够反射红外线的辐射。夏天能阻挡室外地面、建筑物发射的热辐射进入室内；冬天，室内热量不会轻易地发散到室外。玻璃内表面和室内空气温差小，

可以有效提高居住舒适度，且制冷、采暖能耗相对减少。

来样板间参观后我又了解到，万国城Moma采用的LOW-E玻璃和其他的LOW-E玻璃还不一样，它的中空层加厚到原有的两倍，中间还填充了导热系数极低的惰性气体——氩气。它不但能起到更好的隔热保温作用，还将水蒸气抽出并密封，达到了完全的干燥。玻璃表面镀的金属层，能使辐射率大大降低，更能保护家人健康。

正因为我对LOW-E玻璃的了解与认识，我才更加佩服开发商的做法和魄力。能用这么高级、高价的产品来装饰自己的建筑，不是所有住宅开发商都能做到的。

故事5：私人电影院

我把拥有一个私人电影院当作个人品位的一种表现，而万国城Moma正好满足了我这种想法。

——王先生

电影是一门艺术，也是一个人展现艺术品味的平台。我虽然不是搞艺术的出身，但对艺术有着狂烈的热爱，也时时关注与艺术有关的一切，特别是电影。我很喜欢看电影，喜欢那种有冲击力的画面和震撼的音响效果，但由于工作很忙，没有时间常常跑去电影院看电影，只能靠家庭影院来过电影瘾。但是我发现无论买多好的音响、多大的电视都达不到影院的效果。一来是因为电视、碟机的放映质量不如电影放映机，二来是观看效果受到很多方面的影响：持续不断的室内噪声令我无法静静倾听、感受电影的震撼音效；白天刺眼的阳光使电影画面减弱……这些烦人的外界影响直接干扰了我的视觉与听觉享受，令我的"家庭电影梦"无法实现。

参观万国城Moma样板间给了我很大惊喜（图2-9），

图 2-9 私人电影院

我终于找到解决问题的方法了，那就是住进万国城Moma。样板间偌大的客厅里，一架电影放映机鹤立其中，我看到它仿佛就看见了一个电影院，而且是只属于我的私人电影院(图2-10)。听销售人员说，万国城Moma内墙为加厚轻钢龙骨石膏板结构，有很好隔绝噪声效果。再加上万国城Moma将绝大部分管道安排在管道竖井内，不让房间里有穿越楼板的孔洞，最大限度减少孔洞传声，让我能够在一个绝对安静的空间里享受电影带来的出色音效。外遮阳的出色遮光效果，可以做到没有任何阳光透进来，这样即使白天在家中看电影也不会受任何影响。

鉴于万国城Moma有这样出色的外围护系统和极好的声环境，我决定买一架电影放映机，等将来万国城Moma入住之后我就可以在家看电影了。

故事6：绝对私密空间

万国城Moma满足了我对生活空间私密性的要求。

——贾小姐

我的工作很特殊，这种身份使得我荣誉感极强，追求尊贵的身份象征并且很重视个人生活的私密性。我早已习惯于有属于自己的私密空间，不喜欢别人来打扰我的生活，而且对荣誉极看重的我希望身边的每一个事物都能体现出我的与众不同的尊贵，尤其是房子。我希望我的房子是安静的，不被外界打扰，我和我的客人的一举一动都不受外界影响。

我经常会有一些身份特殊的客人到访。首先需要一个大客厅来满足多人同时来访。在会客完毕后，送客出门，我已不太习惯于自己和客人同时站在楼道里握手、寒暄，因为这样我的生活的私密性完全被打乱，令我无法接受。

对于万国城Moma私家电梯厅的设计我非常满意。一梯一户的私家电梯厅由只有业主才有的感应式触卡控制，一次只为一位服务，保证了安全性和私密性。在万国城Moma私家电梯厅里面，我可以完成送客的动作而不必被外界、邻居看到，满足了我对生活空间私密性的要求。而且电梯厅内的壁柜充分利用了空间，外衣都可以挂在那里，以免灰尘带入室内，非常方便卫生。

单就电梯厅这一细节，就足以展现出万国城Moma的细致周到，满足了我对私密的要求和尊贵的荣誉感。

故事7：算一笔账，Moma给你省钱

万国城Moma是很节能的，而且对人来讲，对中国这样一个人口众多，人均资源稀少的大国来讲，是非常有利的。我是一个环保主义者，我一定会考虑到万国城Moma的节能特性。

——法国皮尔·卡丹中国地区总代理

杨仲伟先生

万国城Moma是一个一气呵成的整体，有很多工程技术基础上的细节。比如说它的门底下有一道槽，一关上底下就能密封，这就造成了什么呢——隔声防尘。再比如说它的全置换式新风系统，纯粹是工业化的方式，利用一套很大的物理系统来完成。这套系统在单个家庭应用是不经济的，当万国城Moma的销售人员跟我介绍时我没有反应，但是后来我静下来自己仔细算了一笔账：每年每平方米的采暖制冷费30元，这比一般的壁挂式空调和烧暖气还便宜，万国城Moma通过集中的采暖制冷达到了节约的目的。

图 2-10 私人电影院

我是一个节俭惯了的人。可以花钱，但是不能浪费，我是这种观点。我就觉得，这个房子让人享受到304.61m²的奢华，但是我的费用呢，一年差不多平均9000元。好多同事跟我讲，他们买的140~150m²的房子，用的是电热膜，一冬天还不敢怎么开，就是4500~5000元的取暖费了，而且制冷还没有算呢。这样算下来，万国城Moma这个房子是很节能的，而且对人来讲，对中国这样一个人口众多、人均资源稀少的大国来讲，是非常有利的。我是一个环保主义者，我一定会考虑到万国城Moma的节能特性。要勇于吃螃蟹，万国城Moma这套节能系统在中国是第一个，我要为它喝彩，也希望有越来越多这样的好房子面世。

故事8：当代科技建筑艺术馆

我住在纽约，那里有一座MoMA，是现代艺术博物馆，这里的万国城Moma是当代科技建筑艺术馆，很有科技和艺术的气质。

——李小姐

我住在纽约，那里有一座MoMA (Museum of Modern Art) (图2-11)，它是20世纪纽约的地标建筑，它的发展历程给建筑学及社会文化带来很多影响与启示。MoMA的意义，超越了古典博物馆或美术馆，不仅在于它们所收藏的展品的时间性，特别对于纽约的MoMA来说，从它的诞生开始就令人惊异地给这个高度资本文明的都市注入了艺术养料，尤其对于贯穿20世纪现代主义运动来说，MoMA的发展变化折射出现代主义思想在社会文化意义上的演进过程。

而这里的万国城Moma是当代建筑科技与建筑艺术

的结晶，它体现的是一种科技艺术气质。万国城Moma一方面是科技的，十大技术彰显其科技形象；而同时，万国城Moma也具有现代的艺术感，有晚期现代主义的艺术和建筑风格。我可以理解万国城Moma就是收藏生活艺术的博物馆，它的紫铜、光影、空间的趣味性都非常具有艺术气息，我喜欢这样的房子（图2-12）。

正是由于万国城Moma与纽约MoMA的这种共通性与成长性，我更加喜欢它，并且把它当作艺术品一样好好收藏。我现在虽然常居美国，但希望给在北京的父母买套好房子养老，同时也方便自己回国的时候住。万国城Moma不但满足了我对艺术的追求与渴望，同时它旁边就是即将建成的东直门交通枢纽，会有一条快速路直通首都机场，节省了很多时间，对出入国门有很大便利性，这也是我选择万国城Moma的一个重要理由。

图2-11 纽约 MoMA

图 2-12 万国城Moma样板间

揭秘Moma

　　万国城**Moma**是整合可持续发展建
筑科技的最新成果与晚期现代主义建筑
艺术理念,寻求建筑科技性和建筑艺术
性有机结合的、经得起时代与历史考验
的建筑艺术作品,实现了高舒适度、微
能耗与恒温恒湿的居住环境,完美地延
续了北京的历史文明与建筑艺术。

　　让我们循着万国城**Moma**的核心技
术系统,揭开它神秘的面纱吧。

3 温度

我们时时刻刻都感受到温度对我们的影响。春暖、夏热、秋凉、冬寒是人们对四季温度的直接描述。其实气温的高低变化不仅会影响到我们的生活起居，而且还会对整个人类的发展产生不可忽视的巨大影响。众所周知的全球气候变暖是当今全球面临的重大环境问题。在地球温室效应带来的不利影响愈来愈严重的今天，人们已经越来越关注环保问题。如何适应温度的变化，如何缓解温度变化对环境造成危害，如何能使得经济—生态均衡发展，是21世纪人类面临的艰巨任务和挑战。为了解决关系到人类未来命运的气候问题，全世界的有识之士开始呼吁建立一种可持续性发展观：满足当代人的需求，同时又不削弱满足后代需求的发展。万国城Moma正是基于这种可持续性发展的理念，在创造舒适的人居环境上迈出了第一步。

3.1 热环境

现代都市人的一生中会有2/3左右的时间是在室内度过的，我们生活的质量与室内的热环境息息相关。室内热环境指室内空气温度、空气湿度、空气流动速度以及围护结构内表面之间的辐射热等因素综合组成的一种室内环境。现代科学已经证明，影响室内人体热舒适的因素有6个，分别是活动状态、衣着状态、空气温度、空气湿度、室内风速和室内平均辐射温度。其中前两个是主观因素，后四个是客观因素。

热舒适度是对空气温度、空气湿度、室内空气流动速度以及围护结构内表面之间的辐射热等因素组成的一种室内环境满意的感觉。丹麦范格尔教授提出了评价室内热舒适度的指标PMV（预测平均申报值：Predicted Mean Vote）。它综合反映了人的活动、衣着及空气温度、相对湿度、平均辐射温度和室内风速等因素的关系以及影响，是迄今为止考虑人体热舒适诸多有关因素中最全面的评价指标。被国际标准化组织（ISO）确定为评价热舒适度的国际标准（ISO–DIS7730）。

图3–1就是热舒适的评价方法：PMV–PPD。PMV指

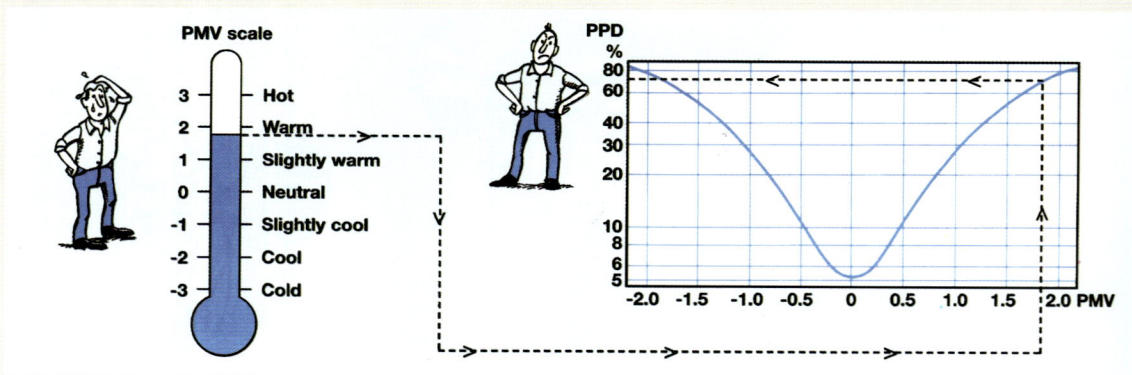

图3–1 热舒适度的评价方法：PMV–PPD

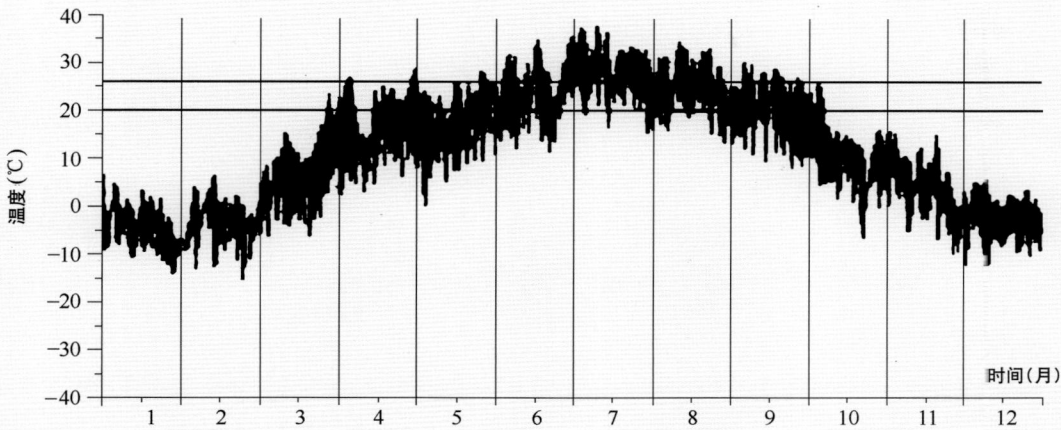

图 3-2 北京全年室外逐时温度分布曲线

标代表同一环境，绝大多数人的舒适感受；PPD 指标代表同一环境，不满意人数的百分率。

人体在新陈代谢过程中不断地产生热量，同时不断地与外界环境进行热交换。舒适的室内热环境能使人体处于一种和谐平衡的舒适状态。对于忙碌、压力大的都市人，舒适的热环境对调养身心尤为重要；对爱美的女士来说，舒适的热环境对于保养皮肤、愉悦心情、延缓衰老不可或缺；对颐养天年的老年朋友，舒适的热环境的呵护更胜过任何灵丹妙药；在舒适的热环境中长大的孩子，更健康，更聪明。

在影响热舒适度的四个客观因素中，温度对人体的热舒适起主要的作用。医学研究证明，室内温度 20～26℃ 是人体最舒适的温度范围。空气温度的温和变化，人靠自身的体温调节就能保持体温的恒定；但是如果温度变化太大，体温的调节系统就会处于一种很紧张的状态，长此以往，身体的抵抗力下降，疾病就会如影随形。

北京全年气温分布图显示，冬季采暖和夏季制冷是必不可少的。

北京年平均温度为 11.8℃，1 月份平均气温为 −4.6℃，最热的 7 月份平均温度为 26.1℃（图 3-2）。北京真正完全自然条件的舒适时间其实很短，春天只有 4 月中至 5 月初半个月，秋天只有 9 月和 10 月两个月，要使居室有舒适的温度就需要一套很好的采暖和制冷系统。

3.2 温度困惑

在这里告诫大家不要使用空调了，因为空调使用原理是：75% 左右空气是完全内循环的，人呼出的脏空气回到空调里，制冷后又送回来，实际上大部分是已受污染的空气，所以我不主张使用空调系统。

——当代置业总工程师 陈音

在我国北方很多地区，进入秋冬季节后很少能看到蔚蓝的天空，呼吸到清新的空气。这是因为北方供热的燃料主要以煤为主。燃煤产生的二氧化硫和可吸入颗粒物进入大气，严重污染城市空气，对生态环境构成严重的威胁。同时燃煤产生大量的二氧化碳，过量排放的二氧化碳是温室效应的始作俑者。很多污染严重的城市已经出现呼吸道疾病患者增加的趋势。科学家研究发现，采暖期居民的健康状况要比非采暖期下降2～3个级别。我国供热系统效率很低，资料显示，我国供热系统的综合效率仅为35%～55%，远低于先进国家80%左右的水平。

温室效应与全球变暖

温室效应是指大气通过对辐射的选择吸收而防止地表热能耗散的效应。引起温室效应的主要原因有大气中的水汽和二氧化碳。另外，一些气体如甲烷、氮氧化物也可产生温室效应。近百年来，随着工业化社会的推进和人类活动的加剧，二氧化碳、甲烷和氮氧化物等温室气体浓度增加很快，引发的温室效应导致了全球范围内的气候变暖。气象观测记录表明：过去100年中，全球的平均气温升高了0.3～0.65℃。另据权威的模拟计算结果表明：按照产生温室效应的气体增加的情况看，未来全球的平均气温每10年将升高0.2～0.5℃，100年后将比现在升高3.6℃。

空调主要用于室内夏季降温冬季供热。但长时间居住在空调居室内易得"空调病"。"空调病"是一种内分泌综合症，其症状主要表现为头晕、发热、盗汗、体虚。目前，我国已成为世界上空调最多的国家，也是"空调病"发病率最高的国家。有关"空调病"的诱因主要有两方面的解释。一是空调房间密封性强，室内外空气无法交换。二是空调导致温差过大，人频繁出入，忽冷忽热，必然造成人体抵抗力下降，引发疾病。

此外，空调的制冷剂氟利昂是破坏臭氧层造成臭氧空洞的元凶。臭氧的减少使地面的紫外线辐射量增加，

严重的会导致皮肤癌。它还可对眼睛造成损坏，造成白内障。另外浮游生物、幼鱼、幼蟹、虾和贝类也会大量死亡，从而造成某些生物减少或灭绝，结果导致海洋生态系统遭到破坏。由于浮游植物可吸收大量二氧化碳，其数量减少，使得大气中存留更多的二氧化碳，使温室效应加剧。有人甚至认为，当臭氧层中的臭氧量减少到正常量的1/5时，将是地球生物死亡的临界点。

臭氧空洞指的是因空气污染物质扩散、侵蚀而造成大气臭氧层被破坏和减少的现象。在离地面20～25km上空的地球大气圈，平流层偏下方，聚集着一圈薄薄的臭氧层，它是抗击太阳能辐射紫外线、蔽护地球生物圈最有效的"保护伞"。自从1982年科学家首次在南极上空发现臭氧减少这一现象开始，人们又在北极和青藏高原的上空发现了类似的臭氧空洞，而且除热带外，世界各地臭氧都在耗减。

在空调的维护管理方面，其现状更是令人担忧。据有关资料显示，对某市各大商场及宾馆的空调维护管理现状调查，发现有70%左右的空调没有按时维护清理；某商场的空调风管自安装以来20余年从来没有做过清扫工作，其卫生状况可想而知。空调系统风管内积聚灰尘不但会严重污染室内空气，而且会增加风管系统阻力，使空调系统的风量下降。此外，风管内空气的湿度和温度非常适宜某些细菌的生长和繁殖。

由此可见，建筑的供热制冷面临着巨大的困惑，传统的温控手段已经不适合当今社会的发展。温控技术革新势在必行。万国城Moma基于可持续性发展的理念，从保护我们惟一的地球为出发点，率先在国内尝试使用了高舒适度、微能耗温控系统(图3-3)。

图 3-3 万国城 POP MOMA 效果图

3.3 微能耗与可持续性发展

早在2000多年前，我国古代著名思想家荀子就提出"强本而节用，则天不能贫"。我国建筑能耗逐渐成为能耗的主体之一。建筑能耗一般指建筑使用能耗，主要包括建筑采暖、空调、热水供应、炊事、照明、家用电器、电梯、通风等方面的能耗。其中，采暖、空调、通风能耗约占2/3左右。

目前一些建筑设计只注重造型的设计，却不考虑使用功能，如有的建筑大量采用大面积玻璃甚至"全景落地玻璃"和"玻璃幕墙"，导致能源严重浪费。因为再好的玻璃也不如墙体的保温效果好。有的很少采取遮阳措施，导致能耗增加，从而无法达到建筑节能标准的要求。据建设部的资料，我国近400亿m²的现有建筑中，99%属于高能耗建筑。新建建筑中也只有5%达到节能标准，单位建筑面积能源消耗为发达国家的3倍以上，每年要浪费相当于几亿吨标准煤的能源。目前我国建筑能耗占社会总能耗的27.6%，15年后我国消耗的能源中将有超过1/3是建筑能耗。

为了调节室内温度，人们使用空调、电扇等电器，而这些都需要消耗大量的电力。当"油荒"、"电荒"甚至"煤荒"等能源短缺信号频频闪现、能源价格不断攀升的时候，人们开始关注能源问题，节约能源与可持续性发展正以前所未有的态势影响着我们的生活。

正是在这样的背景下，高舒适度、微能耗的新建筑应运而生。其实，尽管微能耗建筑初期的投资较大，但是在未来的几十年使用过程中，它所节约能源的数量以及对社会产生的经济价值将是非常可观的，同时也可为业主节约使用成本。只需5～7年，节约下来的电费、采暖制冷费就可以收回初期投入的节能材料的造价。其余的时间就是业主的受益时间。此外，由于节能材料具有良好的防晒、散热等自我疏通功能，一定程度上还能延长建筑的使用期限，从而达到了环境保护的最终目的。

微能耗建筑彻底改变了技术滥用—生态恶化—经济畸形发展的模式。它是人类社会走可持续性发展之路的必然产物，是我国建立节能型社会的必要条件，是缓解资源短缺瓶颈制约，促进人与自然和谐发展的有效途径。微能耗建筑的诞生与进入人们的生活，是把经济—生态—能源合理均衡发展提高到了新的水平。

3.4 万国城Moma温度控制

就节能而言，本身越是节能建筑，舒适度越高，健

内保温和外保温对比 表3-1

内保温		外保温	
优点	缺点	优点	缺点
成本低	易形成热桥，保温效果降低	可避免产生热桥，保温效果稳定	价格较高
蓄热快	占用内部空间，缩小实际使用面积	减少室内温度的波动，室温较稳定	蓄热较慢
	施工品质不易保证	提高了墙体的防水和气密性	
	墙体温差原因，保温层易出现裂缝	保护主体结构，减小热应力作用，避免内墙面裂缝，方便室内装修	

康条件越好,住起来越舒服。

——涂逢祥

(中国建筑业协会节能专业委员会会长)

万国城Moma采用目前国际最先进科技工艺:外墙系统(表3-1、图3-4、图3-5)、外窗系统、外遮阳系统、顶棚柔和辐射冷暖系统来保持室内温度的舒适,达到科技与健康的完美结合,精致而周到地为人类塑造健康生活。

3.4.1 外墙系统

万国城Moma突出的特点,就是它的节能标准非常高。欧洲的建筑师为我们设计的时候,提出建筑的综合能耗,相当于目前国内其他建筑的1/3左右。它冬天采暖每平方米的最大负荷不超过20W,夏天制冷能耗也非常低。

——当代置业总工程师 陈音

一般来讲,墙体的保温主要有三种形式:夹心保温、

外保温和内保温。其中夹心保温可大大提高房间的保温性能,外墙也容易做饰面。但它的缺点是在梁、柱、窗沿等实心砖部位插不上苯板,保温不够完整。内保温是在墙体结构内侧覆盖一层保温材料,通过胶粘剂固定在墙体结构内侧,之后在保温材料外侧做保护层及饰面。

外墙外保温起源于20世纪40年代的瑞典和德国,至今已有60多年的历史。经过多年的实际应用和在全

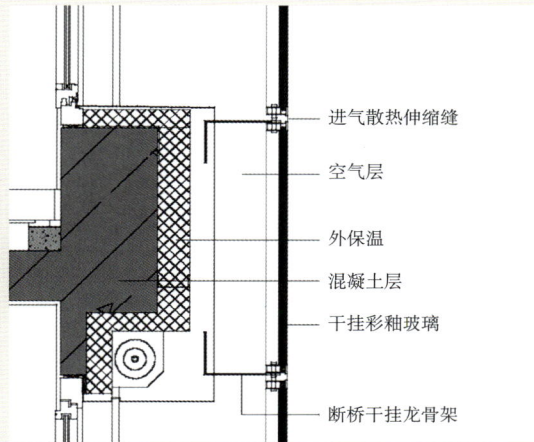

图3-4 万国城Moma的外墙系统

进气散热伸缩缝
空气层
外保温
混凝土层
干挂彩釉玻璃
断桥干挂龙骨架

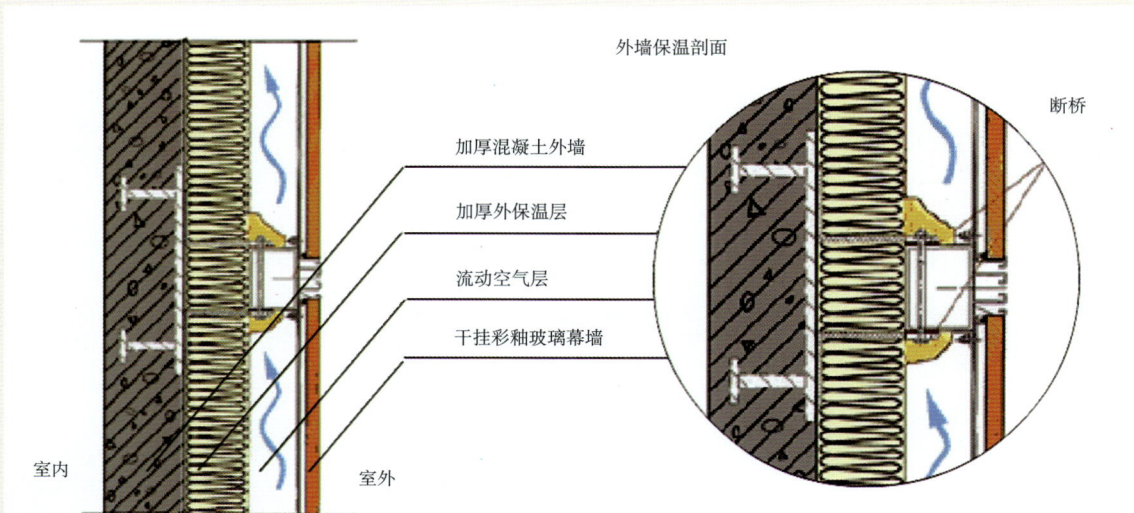

图3-5 万国城Moma外墙保温剖面

外墙保温剖面
断桥
加厚混凝土外墙
加厚外保温层
流动空气层
干挂彩釉玻璃幕墙
室内　室外

图 3-6 万国城Moma的外墙

图 3-7 万国城Moma的外墙、外窗构造

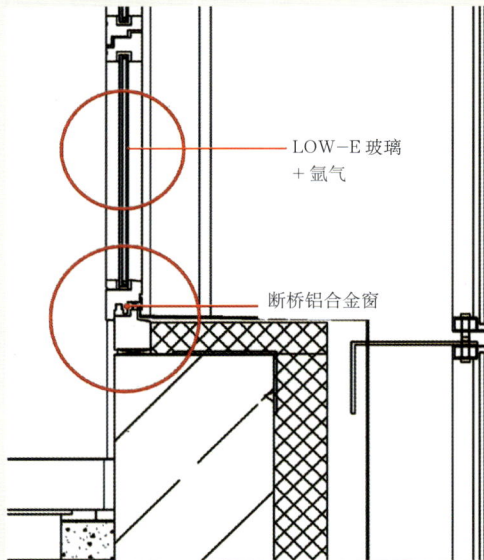

LOW-E 玻璃
+氩气

断桥铝合金窗

球不同气候条件下长时间的考验,证明采用该类保温系统的建筑,无论是从建筑物外装饰效果还是居住的舒适程度,都是一项值得在全球范围内推广应用的节能新技术。如今,外墙外保温建筑已经成为欧美等发达国家市场占有率最高的一种建筑节能技术。在我国,是在20世纪80年代初最早开始开发使用。

外墙外保温是以聚苯乙烯泡沫塑料板（简称聚苯板、EPS）或挤塑聚苯乙烯泡沫塑料板（简称挤塑板、XPS）为保温隔热层,采用聚合物胶浆粘结方式,辅以锚栓固定于主体墙结构外侧,并以抗裂聚合物胶浆复合玻纤网格布作防护层的保温系统(图3-6,图3-7)。

所谓热桥,是房屋外墙转角、内外墙交角、楼屋面与外墙搭接角的区域范围,在室内温度高于室外温度时,产生水雾吸附于墙面的现象称为"热桥"现象。

万国城Moma的外墙采用外保温的方式。保温材料采用导热系数I=0.038W/(m·K),厚度100mm的复合聚苯板,复合聚苯板表面有一层铝箔作为热反射层。外墙的外装饰为干挂式结构,用高强、耐腐蚀的固定件把彩釉玻璃固定在外墙上。其装饰效果好,减轻结构自重,施工效率高。彩釉玻璃格外光亮精致,使用寿命长,性价比高。干挂玻璃与保温层之间的流动空气层有利于隔热和干燥保温层。良好的保温效果保证了室内温度和室外温度保持一定的温差,将室外气温变化对室内温度的影响减小到最低点(图3-8,图3-9)。

按照北京市《居住建筑节能设计标准》DBJ01-602-2004,采用外保温方式的五层及以上建筑外墙传热系数为0.6W/(m²·K),而万国城Moma的外墙传热系数做到了0.4W/(m²·K)。

北京市《居住建筑节能设计标准》DBJ01-602-2004:规定北京地区普通住宅冬季采暖的节能目标是:在1980年住宅通用设计采暖能耗水平的基础上节能65%。而1997年的标准是50%。本标准较原标准有两点进步:①降低能耗完全由建筑围护结构(外墙、外门窗)承担,而不是像原来由围护结构和采暖来分担;②和过去标准只考虑冬季采暖不同,本标准以冬季采暖为主,兼顾夏季空调制冷的节能。

3.4.2 外窗

由门窗引起的热损失约占整个建筑热损失的50%

图3-8 万国城Moma的外遮阳

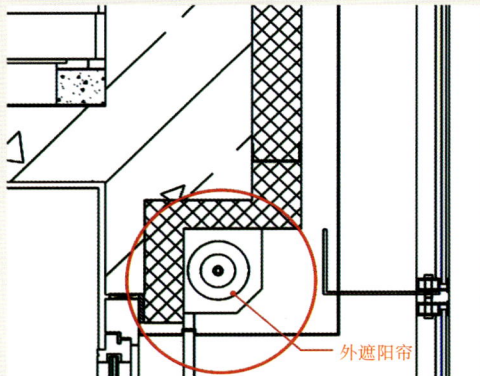

外遮阳帘

图3-9 万国城Moma的外遮阳系统构造图

～60%。窗的保温性能的优与劣,是影响建筑耗能的一个大问题。它的耗热量包括两个方面:一是窗户包括窗框和玻璃的传热耗热量;二是窗户缝隙的冷风渗透耗热量。为了减少窗户的热消耗,必须从两个方面入手:一方面通过窗户加层,改用传热系数较小的框料以及阻断热桥等措施,减小窗户的传热系统,增强保温性能;另一方面通过改善窗户制作安装精度、加安密封条等办法，减小空气渗漏，减少冷风渗透耗热。

目前，窗的材料主要有铝合金、塑钢、玻璃钢和断桥铝合金等。

铝合金窗框以其强度高、装饰性强等特点而受到不少人的欢迎，占市场份额的70%以上。但是，普通铝合金窗框传热系数很大，隔热性能差，迫切需要对其进行节能改进。

塑钢窗（PVC塑料门窗）保温隔热和气密性好、色彩丰富、耐候性能佳、使用寿命长，但PVC塑料很难回收，处理不当会对环境造成污染。PVC材料燃烧会释放有毒气体，在火灾中绝大部分人是吸入有毒气体窒息而

亡的。在2000年悉尼奥运会期间，按国际奥委会的要求，迫于欧洲绿色和平组织的压力，悉尼奥运会组委会把PVC材料的使用减少到最低程度，在一切可以用其他塑料制品代替的地方，绝不使用PVC材料，仅更换材料一项，就多花费了1000万澳元。

断桥铝合金窗与普通铝合金窗的性能相比，其抗风压变形性能、抗雨水渗漏性能、抗空气渗透性能都差不多。如果采用相同的玻璃，它们的隔声性能也差不多，但断桥铝合金窗的保温性能却明显优于普通铝合金窗。

万国城Moma的窗框材料采用断桥铝合金窗（图3-10），避免热桥出现，有良好的气密性、水密性、断

图3-10 万国城Moma的外窗

热性能,防止不可控制的空气渗透。断桥铝合金窗采用断热冷桥技术。断热冷桥技术是指将铝合金窗框分成三部分组成复合材料,即外部铝合金框、内部铝合金框以及连接内外铝框的中间芯子部分,而中间芯子部分即称为"断热冷桥"。采用此技术后,不但克服铝合金固有的高热导率,起到冬天室内暖流不流失,夏天外部热量不流进室内的屏障作用,还保持了铝合金的重要性能:易挤压成型、易加工、抗腐蚀、美观坚固、经久耐用、重量轻等特点。

住户总是希望窗户采光性能好,同时能阻挡部分紫外线。万国城Moma外窗玻璃可以满足住户这一需求。万国城Moma外窗玻璃采用LOW-E中空镀膜玻璃,具有良好的阻隔热辐射透过的作用。这种不到头发丝1%厚度的低辐射膜层对远红外热辐射的反射率很高,能将80%以上的远红外热辐射反射回去,而普通透明浮法玻璃、吸热玻璃的远红外反射率仅在12%左右。LOW-E玻璃的可见光反射率一般在11%以下,与普通白玻璃相近,低于普通镀膜玻璃的可见光反射率,可避免造成反射光污染。传统的普通单层玻璃窗的传热系数K值为5.4W/(m^2·K),而中空普通玻璃窗也只有2.9 W/(m^2·K),万国城Moma的玻璃传热系数小于1.35W/(m^2·K)。

万国城Moma采用LOW-E玻璃复合的中空玻璃,12mm中空层填充低导热性的氩气,进一步减少能量损耗。冬季,它对室内暖气及室内物体散发的热辐射,可以像一面热反射镜一样,将绝大部分反射回室内,保证室内热量不向室外散失,从而节约取暖费用。夏季,它可以阻止室外地面、建筑物发出的热辐射进入室内,节约制冷费用。

采用了以上技术后,万国城Moma窗户的综合传热系数K小于1.9W/(m^2·K)。低于《居住建筑节能设计标准》DBJ01-602-2004的外窗的传热系数2.8 W/(m^2·K)的规定。

窗是围护结构的最大传热构件,也是最薄弱点,万国城Moma通过改善玻璃和窗框的整体传热性能,提高了窗户整体的密闭性。

3.4.3 外遮阳

建筑隔热另一个重要措施就是外遮阳。传统的遮阳采用内置活动百叶板、帘。百叶为合金铝片或硬木薄片。随太阳射入情况可调整百叶开合的高度和角度,另一种为帘幕织物窗帘,可使光亮表面的眩光及反射光线大幅度减小,紫外线照射减弱。这两种内遮阳主要缺点是由于悬于室内,不可避免地使室内热量积聚,较外遮阳效率要低。与内遮阳相比,外遮阳可使制冷能耗降低83%～88%。

在欧洲,外遮阳产品已被广泛地使用于建筑窗的各个角落,几乎有窗就有外遮阳。冬季和夏季室内对通过窗口透射的太阳能需求是不同的。要解决这一矛盾,有效的方法之一就是使用可调式外遮阳系统。它可以减少夏季的热负荷,同时还具有保温、调光、隔声作用,并能起到丰富建筑外立面的作用。

万国城Moma采用可调节的外遮阳系统,它不仅能在阳光特别强的时候阻止其直接射入室内,还可以保持室内的私密性。外遮阳系统和LOW-E玻璃组合得十分完美。LOW-E玻璃的特点就是既减少日光携带的热量进入室内,又防止室内的热量发散到室外。夏天如果使用内遮阳就会出现问题，看似用窗帘挡住了阳光，但太阳辐射能透过玻璃窗加热了室内物体，波长较长的远红外线不易透过LOW—E玻璃散发到室外，于是室内温度会持续上升。换成外遮阳情况就完全不同了，大部分阳光热能会被隔绝在室外，从而降低了制冷能耗。优质窗和外遮阳的配合使得整个建筑在夏天能够阻挡住绝大部分阳光的热辐射能，只要放下外遮阳，室内就会非常凉爽。

外遮阳系统运用于万国城Moma，不仅是一个功能性的设计，更多的是表达了晚期现代主义一个重要的设计理念。建筑并不是孤立的，而是同它所在的环境有着不可分割的联系。赋予建筑情感，才不会呆板、空泛和一成不变。通过外遮阳系统的光影变化，使建筑同城市和环境产生对话。外遮阳系统随着日光、天气的变化而变化，开合之间，达到人、建筑与自然之间的和谐互动，仿佛建筑无时不与城市对话，从而使建筑科技、建筑艺术结合起来，构成城市文化的一部分。

3.4.4 顶棚柔和辐射冷暖系统

这套系统改变了我们制冷采暖的常规思维方法，而是用一种新的方法、新的手段，给室内创造一个四季如春的感觉。

——开彦

（国家住宅与居室环境工程中心副总建筑师）

一般，住宅的冬季采暖方式有以下几种：电热膜采暖、散热器采暖、空调采暖、地板辐射式采暖。这些方式有些舒适性差，有些不能解决夏季降温的要求。

万国城Moma独特的顶棚柔和辐射冷暖系统可以冬夏两用，营造使人倍感舒适的室内温度。采用这套系统

基于这样一个事实：辐射比对流更有效。按人体舒适的基本物理条件，人体对热辐射比对空气对流更敏感。万国城Moma通过控制楼板表面温度以达到室内基本的舒适度（图3—11～图3—14）。

顶棚辐射冷暖系统构造是：房间的混凝土楼板内都埋有水管，其直径为16～20mm，间距在200～300mm之间，此系统要求结构板厚160～250mm，可利用混凝土的蓄热作用来减少温差。根据冬夏环境气温的变化，冬天在水管内注入28～30℃的热水，夏季注入18～20℃的冷水，通过混凝土楼板散热和吸热，再以柔和的辐射方式使室内环境温度均匀受控。做到室内空气温度冬季不低于20℃、夏季不高于26℃的人体最舒适范围。要控制水温变化的热惯性和一定的自我调控特性，传统的控制方法满足不了这种要求，万国城Moma用前一天24小时的平均温度作为控制温度。用室外空气传感器来测量室外气温，计算机可以连续记录并进行平均值计算。

万国城Moma高质量外围护结构把天气突变对房屋的影响降到了最低，这样采暖和制冷系统就很容易使室内的温度变化保持在舒适的范围内。如果夏季有些房间因日照而变得太热，可以使用外遮阳系统来减少热辐射，降低室内气温。

顶棚柔和辐射冷暖系统有以下优势：

(1) 可采暖和制冷；

(2) 系统能自动调节室内温度；

(3) 辐射采暖和制冷效率高，温度均匀；

(4) 不占用室内空间；

(5) 不会破坏建筑外观；

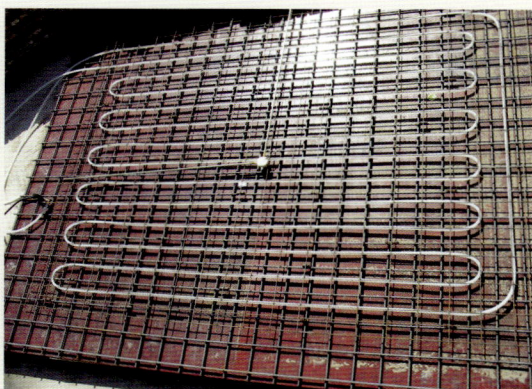

图 3-11 楼板管线

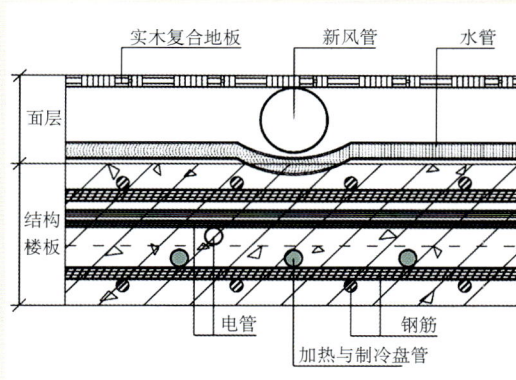

图 3-12 楼板管线埋设示意图

图 3-13 楼板施工现场

图 3-14 楼板管线示意图

(6) 无风感、无噪声;

(7) 采暖和制冷与换气分离。

3.5 热环境测试与评价

　　2004年3月,东南大学柳孝图教授带领该校从事建筑物理研究的师生来到北京,使用丹麦INNOVA公司室内热舒适测定仪对万国城Moma样板间进行了热舒适测试。测试结果完全符合ISO-DIS7730标准(表3-2),达到国际先进水平(图3-15,图3-16)。

　　A户型北厅热舒适测试结果表明:就室内热舒适而言:PMV值略超过0.1,处于舒适范围(PMV<0.5);相

对湿度约为38.4%;气流非常低;1m的垂直温差在0.3℃;地板温度约为21.6℃。均处于ISO推荐的热舒适标准范围之内,不对称辐射非常小,送风口温度较房间气温低约1.2℃(表3-3)。

　　B户型南厅测试结果表明,就室内热舒适而言 PMV值略超过0.5,处于较舒适范围(PMV<1.0)。相对湿度约为34.3%;气流非常低;1m的垂直温差在0.7℃;地板温度约为24.3℃;均处于ISO推荐的热舒适标准范围之内。不对称辐射非常小,送风口温度较房间气温低约1.8℃(表3-4)。

　　过冷和过热的环境都使人体产生不舒适感(图3-17)。

ISO 热舒适标准		表 3—2
PMV	−0.5<PMV<0.5
室内作用温度（采暖，1.2Met，1.0clo）	20~24℃
室内作用温度（制冷，1.2Met，0.5clo）	23~26℃
冷风感	DR<15%
气流速度	<0.3m/s
来自窗户的冷辐射温差	<10℃
来自顶棚的热辐射温差	<5℃
脚踝与头部的垂直温差	<3℃
地板温度	19~29℃
相对湿度	30%~70%

A 户型北厅热舒适测试结果（设定人体热阻1.0clo，新陈代谢率1.2Met） 表 3—3

	PMV	PPD(%)	Top(℃)	Tair(℃)	RH(%)	V(m/s)
0.5m	0.10	5.3	22.4	22.4	39.4	0.04
1.0m	0.14	5.4	22.5	22.5	38.7	0.06
1.5m	0.15	5.5	22.5	22.7	36.8	0.05

B 户型南厅热舒适测试结果（设定人体热阻1.0clo　新陈代谢率1.2Met） 表 3—4

	PMV	PPD(%)	Top(℃)	Tair(℃)	RH(%)	V(m/s)
0.5m	0.78	17.9	25.7	25.3	33.9	0.07
1.0m	0.77	17.5	25.7	25.7	34.6	0.06
1.5m	0.67	14.6	25.3	26.0	34.3	0.06

图 3—15 万国城Moma样板间热舒适测试现场（一）

图 3—16 万国城Moma样板间热舒适测试现场（二）

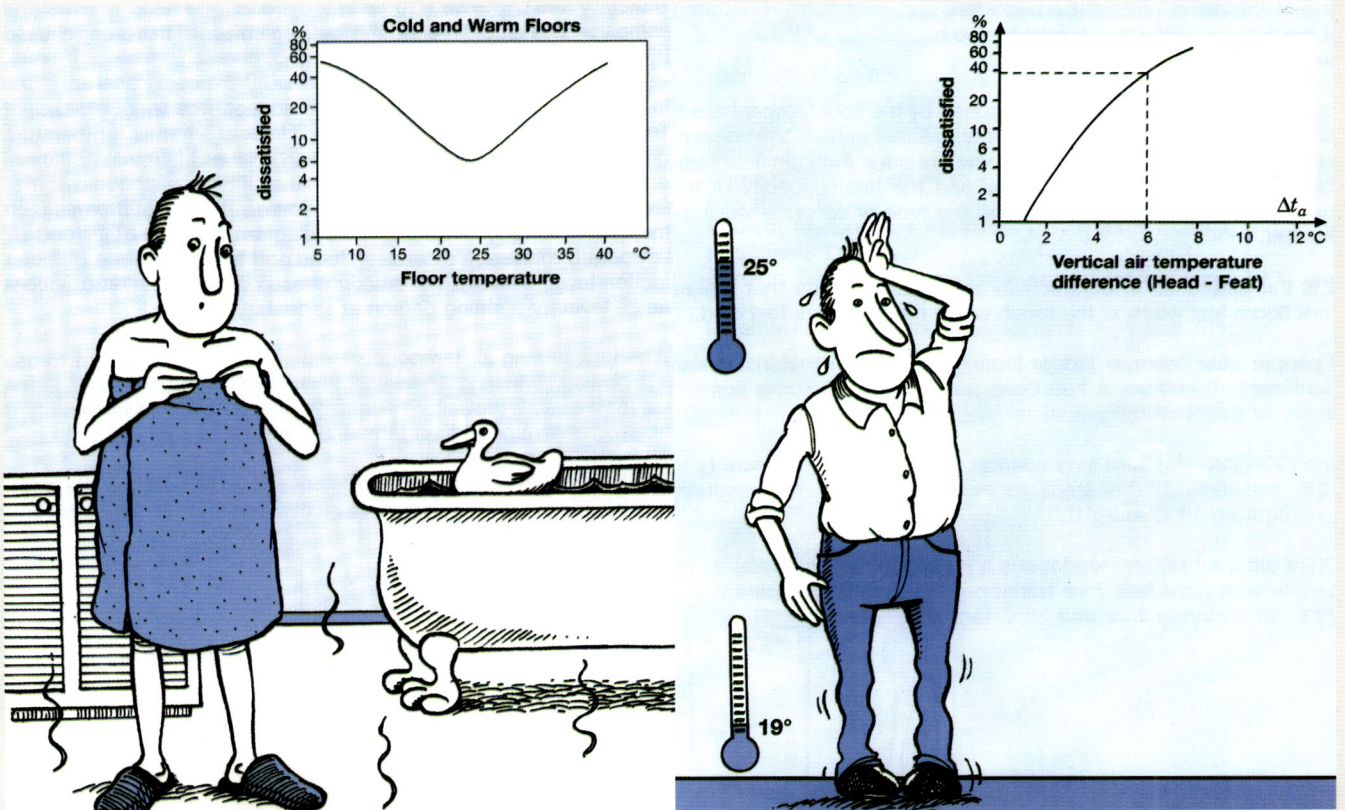

图 3-17 过冷和过热的环境都使人体产生不舒适感

4 湿度

在中国的传统文化中，好的住宅环境总是与"风水"、"水土"紧密联系，由此可见"水"在建筑中占有重要地位。有先哲说"智者乐山，仁者乐水"，在怡人的环境中，山水是不可缺少的，因为有山水，树木茂盛，空气新鲜。按我们今天的科学知识来讲，就是因为在山清水秀的环境里，空气流通顺畅，湿度合适，有利于人的身心健康。

4.1 湿度环境

空气湿度是住房热环境中很重要的一个指标。湿度的大小一般以相对湿度值表示，相对湿度是指实际空气的含湿量与在同一温度下达到饱和状况时的含湿量之比值，习惯上用"%RH"表示，绝对湿度表示每立方米湿空气中含有的水蒸气的质量。科学研究表明，使人体舒适的空气相对湿度应在40%～60%之间。

空气湿度对人体健康的影响主要体现在以下两方面：一方面是通过影响机体的热平衡；另一方面是间接影响室内微生物的生长。

湿度过大时，人体的大量汗液难以蒸发，体内的热量无法畅快地散发，这时，人就会感到闷热。在这种环境下人体中的松果腺体分泌出的松果激素也较多，使得体内甲状腺素及肾上腺素的浓度就相对降低，细胞就会"偷懒"，人就会感到无精打采，萎靡不振。据美国五个州对从事11种主要工业生产的1500名雇员进行的一项调查显示，在相对湿度高于80%以上时，工业意外事故

增加1/3。科学家测定，当空气相对湿度高于65%或低于38%时，病菌繁殖滋生最快，室内相对湿度达到70%以上时，将会为许多微生物的滋长提供条件，从而对机体健康产生影响。

湿度过小时，干燥的空气易夺走人体水分，口腔、鼻腔黏膜受到刺激，出现口渴、干咳、声哑、喉痛等症状。在秋冬季干冷空气侵入时，极易诱发咽炎、气管炎、肺炎等病症。此外流感病毒在干燥的环境中繁殖速度更快。因此，从某种意义上说，克服干燥就是克服流行病。

空气湿度除了与人体的健康息息相关以外，还与美容有很密切的关系。干燥的环境会导致水分过度流失，加速机体细胞的衰老。最明显的例子是从气色上来看，南方人普遍比北方人显得年轻。南方气候宜人，空气湿润，因此南方女性的皮肤不缺水。某种意义上可以说，是适宜的湿度造就了江南女子特有的细腻柔嫩的肌肤。从生理结构看，皮肤肌纤维是由大量的水溶性胶原蛋白构成，干燥使肌纤维因快速失水而收缩，环境越干燥，肌纤维绷得越紧；久而久之，肌纤维变形、断裂，皮肤就会出现不可恢复的皱纹。

我国北方冬季空气湿度低于舒适标准。在北方地区的120个供暖日中，仅有2.5天的时间室内相对湿度是达到40%～60%的，平均室内相对湿度仅达10%～15%。11月到次年的3月的绝对湿度更低。由于冬春季节相对湿度太小，人们往往有不舒适的感觉，有时还出现嘴唇干裂、鼻孔出血、咽喉痒等现象。可是，到了盛

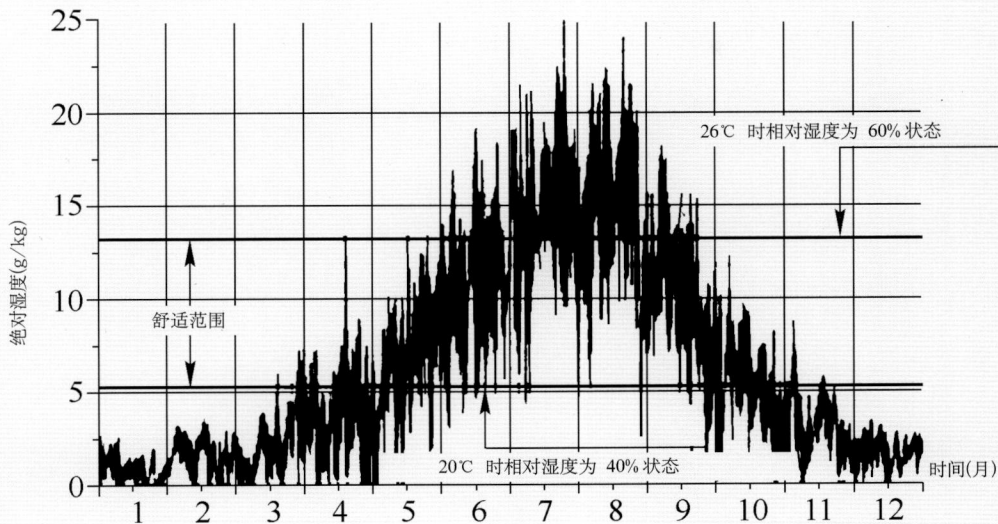

图4-1中标注：26℃ 时相对湿度为 60% 状态；20℃ 时相对湿度为 40% 状态；舒适范围；绝对湿度(g/kg)；时间(月)

图4-1 北京全年绝对湿度状态曲线

夏季节，空气相对湿度达到80%以上时，由于汗液蒸发缓慢，人们又会感觉酷暑难耐，有时还会中暑或引发肾病、结核病、关节炎等疾病。可见如果有很好的除湿和加湿系统会让人生活得更加舒适健康。

图4-1中的两条粗线分别为：室内温度为26℃，相对湿度为60%；室内温度为20℃，相对湿度为40%。在此范围的室内湿度是健康舒适的。

4.2 湿度困惑

为了能使室内的湿度达到舒适的程度，人们通常用空调和加湿器进行湿度调节。夏天，人们一般用空调对室内进行除湿。但是传统空调除湿效率低，并且很难使室内湿度均匀分布。

在干燥的环境中，人们使用加湿器进行加湿。加湿器行业在中国的发展有近20年的历史，但是国内还没

有加湿器行业的产品质量标准规范，这就导致了加湿器产品质量的参差不齐，使消费者的合法权益受到侵害。

从加湿原理来划分，目前市场上的加湿器主要有四种：电热加湿器、超声波加湿器、湿膜加湿器、喷雾加湿器。其中，电热加湿器主要通过对水分进行电加热，通过水的蒸发来实现增湿。此种加湿方式容易发生热蒸汽烫伤人的情况，还存在能耗大、安全系数较低、加热器内容易结垢等问题。超声波加湿器不仅对水质有一定的要求，必须使用纯净水或蒸馏水，还存在喷雾加湿效率低、噪音大等问题。

加湿器容易出现安全问题。如果加湿器没有无水自动保护装置，加湿器水箱中的水用完后，干烧容易引发危险。加湿器产品的外壳使用的塑料也很重要。一些厂商为了降低产品成本，使用二次加工的塑料，质地较差且存在污染问题。作为提升室内空气质量的加湿器，如

果采用污染较严重的塑料,是与使用加湿产品的初衷背道而驰的,其危害程度可能远远大于产品本身的积极作用。其次,噪声本身也是一种听觉上的污染,有些加湿器使用的时候,会产生一定的噪声,如果噪声太大将会影响正常的睡眠和休息。加湿器局部潮湿会滋生细菌,如果清洁工作做得不好有可能传染疾病,加之北京水质含有水碱,加湿器长时间在一个地方使用,还会在周围的物品、家具上形成水渍,很不美观。

4.3 万国城Moma湿度控制

我们的建筑是为人而建,不是为了建筑师出名而建。

——布鲁诺·凯乐

万国城Moma通过全置换式新风系统将室内湿度控制在人体舒适范围内(图4-2)。它全年不需要空调、暖气,且微能耗、高舒适度,最重要的是它完全不会对环境造成污染,这是室内环境工程学与建筑物理的完美结合(图4-3)。

新风经过过滤、加湿或除湿等多重处理后,以每秒0.3m的低速从地面缓缓上升,可带走人体的汗味及其他浑浊气体,最后由厨房和卫生间顶部的排气孔排出。夏季,相对湿度很高的新风通过除湿、除尘以后,变成相对湿度比较低的空气,送进室内。冬季,加湿系统会使空气的湿度达到室内舒适范围。更让人称道的是,新风系统由计算机系统自动控制,即便长时间无人在家,屋内仍充盈着新鲜的空气。

全置换式新风系统和顶棚柔和辐射冷暖系统形成很好的配合。夏季,北京有时空气相对湿度大,其露点温度甚至达到24~25℃,大大高于顶棚柔和辐射冷暖系统的工作温度,极有可能在顶棚上出现滴水的现象。而且此系统更可能出现上层用户的地板上出现结露的情况,故此不能完全使用室外空气来对室内置换新风,必须对空气进行干燥处理,以使其露点温度低于顶棚的温度,有效避免夏季楼板结露。

万国城Moma采用大型专业新风处理系统实现新风湿度控制。在夏季高湿气候条件时,采用冷冻水除湿,冬季干燥季节采用专业湿膜加湿装置加湿。新风中无水雾、不结露,保证卫生。

图4-2 万国城Moma全置换新风系统示意图

图 4-3　宜人的环境

5 阳光

建筑是捕捉光的容器，就如同乐器捕捉音乐一样，光需要可使其展示的建筑。

——罗杰斯

汉字的"间"使人想到一幅意境悠远的图画：阳光从两扇门的中间，明晃晃地射进来，照亮了室内原本黑暗的角落。使得屋里的物件连同人物一一浮现出来。日升日落，我们对这稍纵即逝的片刻应有所珍惜。这里，"间"是一个变化的过程，"间"是时空合一的存在。"间"是空间，"间"承认了光，没有光就没有了"间"。由此，"间"作为中国建筑语汇中一个常见的符号，不仅指房屋的数量，还明明白白地宣告了：建筑与光影共生。

阳光在建筑空间建构中具有重要的作用。光的存在是世间万物表现自身和反映相互关系的先决条件。从中世纪到工业革命时期，尽管技术水平有限，但人们对光的驾驭和思考仍然是极其审慎、细致和考究的。因而人们在这样的建筑中能够强烈地意识到人和自然接近的感受，能够感受到阳光所产生的各种艺术氛围，自然采光设计完全能够满足空间功能性和艺术性的要求（图5—1，图5—2）。

日本建筑师安藤忠雄说："光是所有存在的源泉。

图5—1 阳光与生活

图 5-2 光影的空间

当光照在万物的表面上，光给万物以轮廓，给万物以阴影，给万物以深度。在这明与暗的交界线上，万物浮现，现出自己的形象，现出彼此的关系，并无限地关联开去。我们可以这样说，正是光把个体从群体的关联中凸现出来。不过，光不是静止的，它是颤动的、变化的。所以光在不断地更新世界。建筑呢？建筑就是企图把万有的光割下一块放到某个固定的场所。在过去的岁月里，建筑在小心翼翼地捕捉着光，而且尽量不失去其原有的活力。这样做的结果，不正是升华了光的能力，把光引入人的知觉吗？每时每刻，光都给存在以新的形式，给事物以新的关联，而建筑把光浓缩成最简洁的空间形式。"

安藤忠雄的概括，耐人寻味，使我们对建筑有了深刻的理解和认识：建筑在满足人们的基本生活需要以外，还要满足人对自身存在的追求，对建筑艺术性的追求，而阳光是满足这些需求的最基本、最原始、最有效的纽带。

然而今天，技术水平的发展可以使建筑轻而易举地接受光的时候，光却并没有因为建筑的解放而升华，其活力反而散落了、丢失了，许多人并未认识到传统建筑的这种文化特质。安藤忠雄说："我认为现在已经到了通过与西方继续进行文化融合，而使我们的传统重新获得价值的时候了，在我的观念中，现在文化的一个重要缺失就是对黑暗所具有的深度和丰富性的理解。如果我们越来越缺少这种黑暗的感觉，那将会遗忘空间的回应和光影创造的微妙感。"现代建筑将窗户从结构限制中解放出来，但是，现代建筑却彻底消除了黑暗，创造了一个过分透明的世界——一个泛光的世界，这种光晕般扩散的光的世界，就像绝对的黑暗一样，意味着空间的死亡。今天，技术的扩张使建筑照明变得轻易和缺乏感性，在人工照明之中，人已经无法意识到光的真正魅力，人们无法去感受建筑空间的独特性。重新寻找建筑中失落的光影，挖掘阳光在建筑空间构建中的作用，对现代建筑师具有重要的意义。

万国城Moma是当代置业"Moma研发基地"与欧洲晚期现代主义大师艾柏利共同研究设计的，在万国城Moma的设计理念中，人是空间的主角，空间是建筑的主角，光是空间的灵魂。在万国城Moma，不仅从气温适宜、空气清新等方面构建了建筑物理性上的健康舒适，而且还通过光影的运用，捕捉中国优秀的传统因素融入其中，在精神上创造出非常放松的、随意自由的享受空间，让人感到很惬意、很享受，有接近自然的感觉。

5.1 阳光与建筑

对我而言阳光是惟一的光，因为它有情调……

它使得我们得以与永恒相接触，阳光是惟一能使建筑成为建筑艺术的光。

——路易斯·康

5.1.1 自然采光

所谓自然采光，就是采用各种设计手段，运用各种采光、反光、遮光设施把阳光引入建筑空间，在满足采光、供热、保健、节能等功能需要的同时，创造建筑空间所需的艺术氛围。

自然采光是通过建筑设计的手段，把阳光引入室内空间。在这一点上，自然采光与人工照明有着本质的区别。阳光能被引入室内空间就必然会通过某种"孔洞"或"透光点"，而这种"孔洞"或"透光点"的设计应在建筑设计阶段完成，与立面、剖面等设计同步，建筑师必须在考虑形体、立面、造型、功能、材料等多重设计因素的同时考虑采光的功能性和艺术性，因此，自然采光是建筑设计不可分割的一部分。人工照明则不同，它与"化妆"式的室内装修设计密不可分。人工照明往往可以在建筑完成后随意添加布置，与各种装修材料等综合构成了人为的、略显"虚假"的"艺术"气氛。在真正杰出的建筑空间中，在世界级大师的作品之中，他们的建筑空间的气氛很少是主要依靠室内装修和人工照明来完成的。

5.1.2 健康阳光

（1）廉价的光源。

从可持续发展的角度，阳光是我们首选的光源。根据CIE标准光线强度，在全阴天的情况下，一间大约20m²，进深为5m的房间大约需要2m²的窗来采光；如果用白炽灯做光源，大约需要40W的光源。因此，对于一幢建筑而言，使用阳光是一劳永逸的，只需要一次性的投资，而人工采光的运行费用却伴随建筑终生。舍弃阳光不用，而去使用需要大量能源才能"提炼"出来的人工光，是得不偿失的。

（2）真实的光源。

人类的产生、进化一直由阳光相伴（图5-3），人类的视觉已对阳光产生了适应性。人们以阳光来辨别物体

图5-3 阳光相伴

的颜色已成为习惯。通常光源良好的显色性具有重要的作用；在印染车间、彩色制版印刷间、美术品陈列厅等都需要有精确的辨色空间；顾客在商店选择商品，医生察看病人的气色，也都需要光源真实的显色。阳光具有宜人的光色和良好的显色性，因此，阳光是能够真实反映物体"本来面目"的光源。

（3）健康的光源。

阳光由全光谱构成，它为人类的身体健康和心理健康作出了巨大的贡献，是任何人工光源不可代替的。

（4）富于变幻的光源。

地球围绕太阳作周期性运转，形成了春夏秋冬，地球自转产生了昼夜交替。建筑空间的阳光环境也随之变化，形成一种动态效果。通过光影的移动、变化，使空间变幻莫测，可谓"时移景异"。

5.1.3 建筑的精神功能是建筑的最高目标

建筑的空间首先必须满足功能要求，但除此之外它还要满足人们精神方面的要求，也就是说建筑空间应该有艺术性。那么，建筑的艺术性主要表现在哪些方面呢？是综合适用、经济、有条件下注意美观吗？是体现在对称、均衡、韵律、渐变等古典形式美的原则吗？

朗文词典上也曾把艺术解释为运用各种手段把真或美的东西表现出来，这也还不够全面，艺术应该是艺术家通过各种手段（文字、音符、绘画、雕塑、建筑、诗歌、电影）等来表达心中的情感并藉此来打动观者的活动，这种情感包括真的、美的，也包括喜、怒、哀、乐等各种心绪，也包括对人生世界的理解。建筑作为艺术的一种，在满足使用功能的基础上，应该以表达建筑师

的情感为己任，来感染身处建筑空间之中的人们。

晚期现代主义建筑大师艾柏利说："我总是梦想建筑像活的植物一样"。保罗·鲁道夫也说："我想要使我的建筑物能够感人"。黑格尔也谈到"艺术的最初最原始的需要，就是人要把由精神产生出来的一个观念或思想体现于他的作品，正如人运用语言来传达自己的思想，使得旁人也能理解"。可见，建筑的精神功能是建筑的最高目的所在，一座仅仅满足使用功能的建筑物如果缺乏精神上的功能，只能算是平庸的，而一座建筑从视觉上看是美的，但没有精神感染力的建筑物只能算是肤浅的。

那么，建筑的艺术性主要通过什么介质来反映呢？是形式吗？是色彩吗？是材料吗？是建筑技术吗？不！这种介质是空间，空间才是建筑的本质。

老子说："埏埴以为器，当其无，有器之用。凿户牖以为室，当其无，有室之用。故有之为利，无之为用"，这就是说，建筑的本质不是墙、门、窗等构成及形式要素，而是由它们围合成的空间。建筑主要是通过空间气氛的变化来带给人们精神上的感受；不同的建筑空间能够营造不同的气氛，带给人们不同的感受，唤醒人们心底深处的"潜意识"，引发人们去思索，使人们通过对空间的有所见而有所感。

建筑的艺术性应该通过建筑空间来传递和表达，那么什么又是建筑空间之中最有效、最基本的表达要素呢？

人们可以通过视觉、触觉、知觉、嗅觉等感知空间，空间的形状、大小、色彩、材料、气味、光线等综合构成了人的感觉，可以说，要构筑一个理想的具有艺术表

现力的建筑空间,需要上述各个因素的相互结合,各种因素都非常重要,缺一不可。在各个表现因素之中,最基本、最富有表现力的正是光。

建筑空间建构中的艺术性的表现,无不通过光来实现。无光则无艺术而言,无光只有一种恐怖、神秘、不可知的氛围,而有光则可以使空间有光影的对比、体量尺度的表达、材料质感的体现、空间层次的表露、斑斓色彩的艳丽。正是有了阳光这个表达要素,才构成了千变万化的建筑形态和多姿多彩的建筑空间艺术形象——才有了建筑的艺术性。光是影响人们心理变化的最基本的因素之一。虽然物理学家会清楚地告诉我们光明是因为有光线的存在,黑暗是由于没有光线传播到此,两者

的惟一差别只是光线是否存在。但是,在人们的直觉中,光明与黑暗则变成了象征善与恶、安全与危险的两种视觉对立形象。不管我们承认与否,这种直觉上的感受每个人都能清楚地体验到,不管我们被多少次地告知光明与黑暗的科学原理,可下一次我们见到光明时一样会振奋,感受黑暗时一样会胆怯,这是我们的本能。建筑师没有理由去否认或逃避人的这种对光感应的心理特征,相反,我们应该正视并利用这一特征,在建筑空间之中利用阳光这一最有效的表现因素,去创造渲染各种不同的气氛,把建筑师自己心中的情感传递给建筑空间的体验者(图5-4)。

可见,光是建筑空间的主宰,是建筑师借助建筑空

图5-4 万国城Moma样板间一角

间传递建筑艺术的最有效的介质之一,光是建筑空间的灵魂。

在人类发展史上曾经有人把自然看作人类的敌人,他们不重视生态环境,认为自然资源是无限的,是取之不尽的、用之不竭的。但是20世纪70年代爆发了石油危机,使人们意识到了地球上的能源也会有枯竭的末日,而地球上的生态环境也已遭受到了严重的破坏,大量原始森林被砍伐,臭氧层被破坏,空气之中二氧化碳的含量过高,引起气候逐渐变暖,沙漠化严重……节约能源、保护生态环境、实现可持续发展的呼声日益高涨。

在建筑设计中引入阳光可以较大程度地降低能耗。如果各类建筑物在白天时大部分都采用阳光照明来满足使用要求,考虑到建筑晚上一般使用效率较低这一因素,自然采光所节约电能的比例是相当可观的。通过适当的建筑设计手段使夏天透射入室内空间的日光衰减,冬天时透射入室内空间的日光增多,可以较大幅度地减轻空间采暖的负担,达到节约能源、保护自然生态环境、实现可持续发展的目的。

5.2 阳光与生命

没有光我们就会遗忘空间的回应和光影创造的微妙感,由于光影的变化,光展示它的特性——透明性、半透明性、不透明性,并通过反射光和折射光共同作用效果限定和界定空间。光是连接我们在不同的空间体验中的桥梁,光使空间具有不确定性。

——史蒂文·霍尔

阳光在空间建构中的作用主要是指阳光能够满足建筑空间所需的亮度、温度等物理条件和使用者的生理、心理基本需要(图5-5)。阳光在空间建构中的功能性意义与艺术性意义是相辅相成、缺一不可的。艺术性是建立在功能性的基础上的,建筑师在设计过程中不应该盲目地摒弃某一方面,而应该在满足建筑使用功能的基础上,尽可能地在建筑空间的塑造中体现光的艺术性,但过于僵化也是不可取的,应该根据建筑空间类型及功能重点的不同,灵活地重点运用光的功能性或艺术性。阳光对建筑设计的重要性主要体现在以下几个方面。

5.2.1 阳光对人体的保健作用

很久之前,人们就知悉了阳光的医疗作用。阳光中紫外线的"B"区光谱,能增加甲状腺中碘含量和血液中的铁含量,有助于血红素的增长,以及白血球、红血球数量的增长。对于儿童来说,阳光对佝偻病的预防作用特别重要。婴儿服用鱼肝油,如果不接受每天定时的日光浴,则鱼肝油也不易被吸收。阳光中的红外线和红色光能较深入地穿透人体,加速伤口的愈合并能消除炎症。

阳光同时具有较强的杀菌能力。某些细菌在阳光曝晒下会丧失繁殖能力;短时间的阳光照射能加速细菌的发展,而较长时间的照射则致细菌于死地。试验表明,住宅中如果有3~4小时的日照就能取得很大的杀菌效果,即使关着窗户,没有新鲜空气的流通,也比在没有阳光的空间之中杀菌效果高好几倍。可见,在建筑空间之中引入阳光对使用者的生理健康具有重要意义。

在当今的建筑设计之中,人们越来越重视生态环境的保护,建筑师试图把绿色植物引入建筑内部空间之中,使人们与自然得以充分接触。将绿色植物引入建筑,是提高建筑质量、充实建筑环境不可缺少的因素,

图5-5 光的艺术

也是绿色建筑不可分割的组成部分。

5.2.2 阳光对人类心理健康的作用

人类的历史大约有300万年。物竞天择,适者生存。人类适应了自然环境,因此在无情的自然选择之中生存了下来。可以说,当今的人类对自然环境的适应是在成千上万次的积累中形成的,已与自然界形成了互相依赖的协同进化关系。这种协同进化关系已经转化成了潜意识,而深深地埋入了人们心中。我们无法精确地衡量或说明这种潜在的意识,但却能强烈地感受到它的存在。例如,如果我们生活在"朝朝不见日,岁岁不知春"的

状态下,不知道气候变化,不知道时间早晚,不能感受到外界自然环境的状况,那么我们势必会产生与世隔绝的感受,心中有莫名其妙的不安全感,导致情绪低落。长此以往,必将引起心理和性格气质上的变异。

阳光从人类的起源时起就一直存在于人类的外部环境之中,在漫长的进化过程中,人们对阳光就如同对空气、水等一样形成了认同依赖的关系。人们渴望在生活之中感知到阳光的存在,期望通过感知阳光的变化而感知整个自然界、季节、气候的变化,以满足自身定位感、安全感和场所感的需要。这种期望已经成为了人类心理健康平衡的支点,一旦这种平衡被打破,人们的心理便

会失衡，心理健康也会受到损害。例如，有时阳光的变化超出了我们期待的范围，如有时北京的风沙天空几天一直呈暗黄色，大多数人都会流露出不同程度的失落、颓丧等心理变化。南方的黄梅天阴雨连绵，暗淡无光，使人们心情沉闷忧郁，这与阳光明媚时人们轻松愉快、活泼向上的心绪形成了强烈的对比。

多数人一生中的大多数时光都是在建筑之中度过的。人工环境如何仿真，总不如自然建筑环境。在节约能源、发展生态环境、建筑的可持续发展等方面建筑空间更是离不开阳光的作用。通过阳光的适当引入使人们感知阳光的存在及其变化，从而满足潜在的安全感和定位感。人类在漫长的进化过程中对自然界已经形成了潜在的依赖关系。阳光、空气、水、植物对人类的健康与进化具有非常重要的意义。随着科学技术的进步，人们曾经希望借助科技手段来满足生活的全部要求，现代主义者激进地认为借助先进的结构体系，借助钢和玻璃等先进材料，借助温度、亮度等物理参数就能衡量人们的舒适度，就能达到一定的生活质量，但是由于割裂了人与自然，人与光、水、绿色植物等的联系，不可避免地被人们指责为"没有人情味"、"冷漠无情"，被后现代主义所排斥和修正。

其实，阳光带给人们的体验与感受无可替代，因为这是在千万年的进程中逐渐积累和沉淀而来的，是不以人的意志为转移的。科技的进步也不能代替它，我们建筑师所要做的正是利用高新技术手段去更有效地把阳光引进人们身边，使人与自然之间的依存关系、人对阳光的感受更深入、更稳定。从这一点上来讲，建筑设计中引入自然采光概念是无法被替代的。

5.3 万国城Moma的阳光生活

我们应该创造这样的建筑空间，使得人们在其中如同在诗歌和音乐中一样，体验到惊奇、发现、智慧的启迪以及生活的宁静和快乐。

——安藤忠雄

只注重光的使用功能而忽略其艺术效果的建筑只能算是平庸之作。正如一位娴熟的手工艺者并不一定能被称为是艺术家一样，能熟练地把建筑设计成适合人居住、使用的设计师也并不一定是称职的建筑师。在他们的作品中，光的使用功能按照设计规范基本满足了使用者的生理和使用要求，但仅此而已，光的精神功用并没有得以充分重视。试想我们身边的教学楼、办公楼等建筑，绝大多数的空间模式都是入口处设一小厅，有一块景壁，题几个大字，一跑或两路楼梯上楼，楼上的布局是千篇一律的中间走廊，两边是一字排开的教室或办公室，每个办公室或教室的光照条件基本保证满足使用者的要求。但这样的建筑物丝毫没有艺术的感染力。这固然有我国经济起点低，建筑造价有限等客观条件等因素，但设计者设计思想陈旧、空间概念薄弱、对阳光的艺术性缺乏足够的认识也是重要原因。即使在近几年建筑造价有较大提升的条件下，大部分的住宅、教学楼及低层办公楼的空间设计也未见有实质性的突破。

单纯地追求光的艺术效果而忽略其使用功能的设计是没有根基的，因为建筑毕竟是一种实用艺术，建筑与其他纯艺术的区别在于其具有功能性。建筑为人服务、以人为本的宗旨就决定了建筑必须满足在其中的人们的基本生存、舒适的要求。艺术性和美感的传递必须建立在人们有正常的心态、基本生活条件得到满足的基础上

(图5-6)。此时的传递才是现实的、高效率的。试想，如果身处建筑空间之中的人们深受寒冷或炎热的侵袭，他哪里还会有心情去体察、去品味建筑空间的意境。菲利浦·约翰逊设计的水晶教堂就是这样的一个例子：全部用玻璃和钢架围合起来的教堂空间耀眼夺目，令观者目眩神迷，犹如来到了圣洁的天国。但是全玻璃的外壳带来了许多使用功能上的缺点：夏天时，烈日炎炎，阳

光毫无遮挡地射入室内空间，由于空间太大，玻璃保温隔热性能不好，空调难以达到降温要求，室内温度很高，使教徒们犹如身处蒸笼，汗如雨下；冬季时由于相同的原因，人们犹如身处冰窖，冻手缩脚，同样难以集中精力去感受约翰逊苦心营造的宗教气氛。

如果领会了建筑空间的真谛，建筑师就会在寻求更新的空间组织方式的进程中，把光的艺术性和功能性同步

图5-6 阳光生活

地表达出来。这或许就是柯布西耶、赖特、沙里宁、路易斯·康、安藤忠雄等大师不约而同重视和偏爱光的原因。现在就看看万国城Moma是如何运用阳光的。

5.3.1 外遮阳

天然采光设计是建筑物层面上的设计，不适合在建筑物落成之后添加，与人工照明不同，天然采光设计是通过窗、孔洞、挑檐等建筑构件把阳光引入室内或进行适当遮挡，天然采光设计是通过建筑立面、结构等设计实现的。在建筑物落成之后，采光器一般很难添加，因为采光器的添加意味着对原始建筑构件（如墙体、屋顶等）的修改和变动，除去二次投资的造价较高的因素以外，往往还会对原始设计中的结构体系、立面造型、空间气氛都产生较大的改动，使人对该建筑产生面目全非的感觉；而遮阳构件的添加虽然不如采光器添加那么复杂，但往往添加的效果零散随意，影响建筑的整体艺术形象。我们经常会看到在建筑物立面上添加的临时遮阳篷的做法。显然，如果建筑师在设计的初始阶段就考虑到了这些采光或遮阳的问题，这些现象可以很容易地避免。

天然采光的方式有很多种，包括侧部采光、顶部采光、庭院采光等，每一种采光方式都具有各自的采光特点和适用范围。很多对天然采光进行研究的建筑师往往希望在自己的建筑设计中把各种采光手法统统地全部运用，以达到最佳的采光效果。其实，这是一个理解的误区，过多地堆砌各种采光手法只能使其效果相互重叠重复，采光效果并无明显改善，同时使建筑构造的复杂性加大，建筑造价也加大。重复叠加堆砌各种采光方式的

办法是得不偿失的。最有效的设计策略便是根据具体条件来为建筑空间确定一种核心的天然采光方式，然后围绕一个核心方式来组织整个天然采光设计。

在万国城Moma的设计中，设计师们选用了一种特殊元素——外遮阳（图5-7～图5-12）。它是万国城Moma技术系统里非常重要的部分。外遮阳元素取材自欧洲度假农庄，经过改变材质和工业化生产后应用于现代建筑，这种开启关合式遮阳板大部分应用于多层建筑。万国城Moma采用的是卷帘式外遮阳。

将这样的外遮阳部分运用到建筑外立面上，可以打开也可以关闭，它的外观时时刻刻都可以不同，这样就产生了人和建筑与自然之间的互动，整体的感觉就仿佛这栋建筑无时无刻不在同这个城市对话。

5.3.2 流畅空间

通常认为在整个房间里有两条动线是一种空间上的浪费，觉得单向的动线就可以。可在万国城Moma中，这一切看似不经意，其实都蕴含着巧妙的设计（图5-8）。

如图5-8所示，如果有人进这个房子参观，通常会沿着所示的线路行走。可以设想，在走过一面黑瓷面的墙后，打开一扇门，突然发现一个阳光灿烂的餐厅，这个餐厅有三个落地长窗，令整个餐厅产生6道明暗交错的光线，让餐厅变得极其特殊且充满光影的魅力，那将会是什么感觉？

万国城Moma的设计让整个房子四面变得非常流畅，造成一个循环动线，把动线距离拉长，产生了强烈的空间感。动线距离所产生的空间印象与密斯·凡·德·罗名作芝加哥钢铁玻璃别墅相似。这个房子的参观动线约

是50m，每个人可以设想一下，除了郊外的别墅，北京哪里有这样的房子，在参观者走过长长的50m之后还能发现一个阳光灿烂的餐厅?应该是没有！这正是设计师们所希望的，让每个第一次到这个房子里来参观的人真心地感受到美、惊喜和轻松。

5.3.3 光影空间

在万国城Moma 300多m²的房子里面有18个窗户！可以回想一下，除了郊外的别墅，从没见过在一个楼层300多m²的房子里有这么多的窗户，而且全部都是长条落地长窗！

万国城Moma这些窗户的造型都经过严格的计算，

图 5-7 万国城Moma的外遮阳

图 5-8 动线设计

图 5-9 万国城Moma的外遮阳

图5-10 外窗立面图

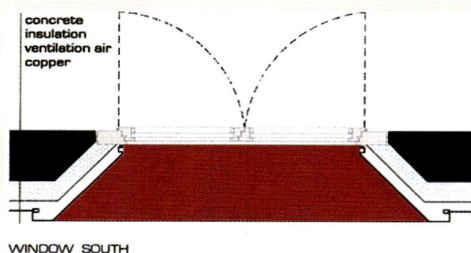

concrete
insulation
ventilation air
copper

WINDOW SOUTH

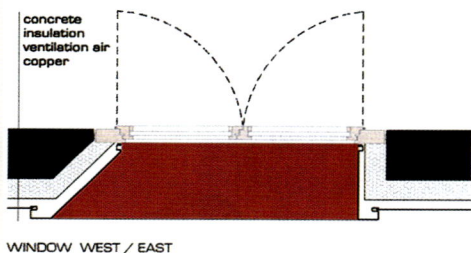

concrete
insulation
ventilation air
copper

WINDOW WEST / EAST

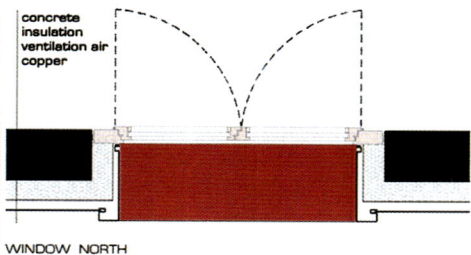

concrete
insulation
ventilation air
copper

WINDOW NORTH

图5-12 外窗平面详图

图5-11 平面采光图

是从阳光投射的角度来进行设计的。为了追求光影的最好效果，每一个方向窗框的角度都不一样。

万国城Moma之所以采用落地长窗，原因就在于落地长窗所产生的光影线条最长，光影的变化最丰富（图5-9～图5-11）。它不仅能够记录时间在室内移动的脚步，而且令光在不同材质上产生出不同的反射效果，同时还具有拉高室内视觉高度的效果。

可以设想，住在这样的房子里会是多么有趣，长窗像个魔术师，透过光影的魔术看这所房子，早上、中午、晚上都会有不同的面貌。通过光影的变化，建筑空间充满文学性与戏剧性，建筑的质感、空间的丰富性得以充分地体现。

6 空气

清新的空气(图6-1),伴随着音响里传来的轻柔的音乐,大地变得更加安静,柔和的光线使世界显得有些朦胧。这种感觉是不是有点熟悉,似曾相似?是的,我们有过这样的感觉:在一个特别的早晨,在一场新雨之

图6-1 清新的空气

后，站在阳台上，在那个叫家的建筑的阳台上，呼吸着室外让人倍感清爽的空气，激发出一些清晨的感悟。

在幼儿园的时候，老师就对小朋友们说，空气和人的生命密切相关，人可以五天不吃饭，但绝不可能五分钟不呼吸。空气是如此的重要，以至于有些建筑大师谓之空气是建筑的血液！在建筑中，空气无所不在，与建筑浑然一体，但是，空气却没有阳光那每秒30万km前进的本事。于是，建筑似乎成了空气流动的障碍，成为清新空气的敌人，由此产生了一个问题，那就是室内空气污染。

近年来，室内空气品质问题引起世界各国的普遍关注。制冷空调系统的出现为人们创造了舒适的室内环境，然而长期以来，空调系统一直致力于实现以温度为主的舒适性热环境，无论是空调系统的配置、热湿处理，还是气流组织以及对空调系统的验收和评价都是围绕这个目的进行的。人们对低浓度室内空气污染，尤其是不太严重的气味对健康的影响认识不足，长时间处在令人讨厌的低浓度污染与腐霉气味中，对人的身心健康会产生不良的影响。

20世纪70年代的全球能源危机，使制冷空调系统这一能源消耗大户面临着严重考验，节能降耗成为空调系统设计的关键环节。人们一方面提高建筑物的气密性和热绝缘性，同时降低室内最小新风量标准，导致室内有害污染物由于得不到新风稀释而浓度进一步提高；另一方面，在装修过程中使用了含有大量有害物质如甲醛、挥发性有机物等一些装修材料，致使挥发性有机化合物气体大量散发，严重恶化了室内空气品质（Indoor Air Quality，IAQ）。以致长期在室内工作的人们，出现头晕、恶心、胸闷、乏力、皮肤干燥、嗜睡、烦躁等症状，统称为"病态建筑综合症"（Sick Building Syndrome，SBS）。

据世界卫生组织估计，目前世界上有将近30%的建筑物受到SBS的影响，大约有20%~30%的办公室人员常被SBS症状所困扰。由于人们80%以上的时间是在室内生活、学习、工作、休息，室内空气品质的好坏不仅影响着人们的身体健康，而且也影响着人们的劳动效率。此外，为了改善室内空气品质，有可能增加建筑与空调系统的费用，也给投资者与工程技术人员提出了新的课题。如何改善室内空气品质，由舒适性向健康性转变，创造一种卫生、健康、舒适的室内空气环境，成为迫在眉睫的问题。

近年来，国内外学者对空气品质进行了大量的研究，提出了发挥新风效应、消除及控制室内污染及室内空气自净等对策来改善空气品质。众多对策里，人们普遍认为启用供给新风、充分发挥新风效应对改善室内空气品质是最简单、最有效的办法。

万国城Moma采用的"全置换式新风系统"可保持24h持续新风供应（图6-2），从而能够安全有效地解决这一问题。全置换式新风系统保证每户新风量控制在每小时约300m³（国家标准为每人每小时30m³），确保居住者在不适宜开窗时也能够呼吸到新鲜、安全的空气。

6.1 室内空气品质

6.1.1 室内空气品质

室内空气品质的定义在近二十几年中经历了许多变

图6-2 小童与新风

后。最初,人们把空气品质几乎等同为一系列污染物浓度的指标。丹麦P.O.Fanger教授在1989年空气品质会议上提出了室内空气品质的定义:空气品质反映了满足人们要求的程度,如果人们对空气满意就是高品质,反之就是低品质;英国的CIBSE (Chartered Institute of Building Services Engineers)认为如果室内少于50%的人能感觉到任何气味,少于20%的人感觉到不舒服,少于10%的人感觉到粘膜刺激,而且少于5%的人在少于2%的时间内感到烦躁,则可认为此时的室内空气品质是可接受的(图6-3)。这两种定义都将室内空气品质完全变成了人们的主观感受。

目前的标准中采用单一成分指标作为客观指标,没有反映出气体综合对人的主观满意程度的影响。而主观性指标应以客观性指标来体现,这就需要建立复杂的数学模型或是找出各个指标的相关性,量化到具体指标。虽然国内外有学者对此进行研究,但只定性地得出一些结论,未量化到具体指标。这使得IAQ的定义仍存在偏差,但基本上都认同美国采暖制冷与空调工程师学会标准ASHRAE62-1989R中提出的概念。该标准实际上已成为人们所熟悉的达到可接受的室内空气品质的指南,它几乎被所有的建筑法规所采用,也被绝大多数工程师作为通风空调系统的设计基础。

6.1.2 室内空气品质的评价

室内空气品质的评价主要有三条路径,即客观评价、主观评价和个人背景资料。

客观评价是直接采用室内污染物指标来评价室内空气品质,通过选择具有代表性的污染物作为评价指标,来全面、公正地反映室内空气品质的状况,其中分指数定义为污染物浓度与标准上限值之比,由分指数有机组合而成的评价指数用于综合反映室内空气品质的优劣。

主观评价是指利用人自身的感觉器官进行描述和评判工作,一种是表达对环境因素的感觉,另一种是表述环境对健康的影响。这些评价用国际通用的调查表方法来规范和量化,以提取最大的信息量,强化评价数据的可靠性。

个人背景调查中一部分是排他性调查,另一部分是个人资料调查,主要用以排除非室内空气品质因素所引起的干扰以及潜意识对评价的影响,以有助于作出正确判断。

最后综合以上三条路径的资料,通过统计分析,来评价室内空气品质。根据要求,可评定室内空气品质的等级、作出仲裁、提出咨询意见或提供整改对策与措施。

当量评价指标EEI (Equivalent Evaluation Indication)

EEI为当量评价指标,是室内环境综合指标,最佳的室内环境并非是由一个环境参数和某个确定的设计或控制点决定的。从实用的观点来看,最佳的环境决定于IAQ推荐值或允许范围的客观标准加上居住者的期望或者说主观看法。下限称之为节能允许值或推荐值,上限是IAQ所能达到的极限。同时利用有效温度ET (Efficient Temperature)作为室内环境的控制指标来设置相对湿度的上下限。这种方法还为评价考虑到相对湿度因素影响的室外新风的热回收器循环系统提供了合理的根据。

IAQ等级模糊性综合评价

IAQ等级模糊性综合评价是指利用模糊数学的处理方法,综合考虑影响对象总体性能的各个指标,通过引入隶属函数同时考虑各指标在影响对象中的重要程度,经过模糊变换得到每一个被评价对象的隶属度。

换气效率和通风效率评价

换气效率与通风效率综合表示通风系统的送风效应,进行有效通风,利用室外新风稀释与排除室内有害气体或气味,来保证室内空气品质。其中换气效率是衡量室内某点或全室空气更换效果优劣之指标,通风效率是表示送风排除热和污染物的能力的指标。

动态模式DM (Dynamics model) 评价

动态模式法就是将室内污染物的质量浓度作为时间的函数,通过该函数确定一天中各不同时刻污染物的质量浓度,并确定哪些时刻质量浓度最大,从而确定最有效的设计方案来将这些污染物的质量浓度降到卫生标准以下。通过此法确定的通风方案不但可以保证室内空气质量,而且要比稀释通风更加经济有效地控制室内污染物。

空气耗氧量COD (Chemical Oxygen Demand)

空气耗氧量是指利用有机物的被氧化特性,通过一

图6-3 新风口

定的方法测定室内VOC（Volatile Organic Compound）被氧化的空气耗氧量，以表征室内VOC的总浓度。空气耗氧量由前苏联学者于20世纪80年代提出。其原理是基于空气污染物中的有机物可被重铬酸钾—硫酸完全氧化，根据有机物被氧化时消耗的氧气量即可推算出空气耗氧量的含量。

室内空气品质的CFD评价

利用计算流体动力学CFD（Computational Fluid Dynamics）方法来研究室内的空气动力学特性时，是通过求解连续方程、动量方程、能量方程、气体组分质量守恒方程，得到室内各个位置的风速、温度、相对湿度、污染物浓度等参数的整场参数分布，进而结合人体舒适的评价标准，来考察舒适性在整个空间的分布情况，为空调系统的布置和改进提供依据。

6.2 关心空气就是关心自己

人类是要依靠空气来维持生命的，没有空气就没有了动物、植物，也没有风、云、雨和声音。空气对于人犹如健康之对于人，往往在老年的时候，才突然明白，一辈子的是非长短，最终都不得不面对二个字——健康，只有在失去的时候才真正体会到它的重要性（图6-4）。空气就在你的身边，多少年了，可有多少人真正意识到了它、感受到了它、关心到了它！其实关心空气就是关心自己。

室内空气的污染有一个变化的过程。在20世纪80年代以前，我国室内空气污染物主要是由燃煤产生的CO、CO_2、SO_2、NO_x。近年来，随着居住条件的改善和提高，加上建材业高速发展、装修兴起，各种装修、日用化学

品及化妆品、家用电器进入普通百姓家，室内环境质量发生了很大变化，由建筑材料、装饰装修材料所造成的污染已成为主要的室内污染源。而且由于建筑物密闭程度的增加，所以室内污染程度往往比室外更为严重。

6.2.1 室内空气污染构成

20世纪70年代开始，德、英、美、日等国就开始对室内空气污染及其对人体健康的危害展开研究。各国先后在室内空气中检测出500多种有毒、有害物质，其中有20多种被认定是致癌物质。

在建筑中，室内空气主要受到物理、化学、放射性、生物四方面的污染。

（1）物理污染。主要指空气中的粉尘、烟雾、油烟、悬浮微粒等对室内空气所造成的污染。这种物理污染本身一般不会对人体产生严重的危害，但由于室内空气中CO、CO_2、NO_x、SO_2以及细菌、霉菌都可以吸附在悬浮微粒和粉尘上，当这种微粒和粉尘达到一定浓度时，会引发严重影响人体健康的问题。

（2）空气中的放射性污染。室内空气中的放射性氡气污染主要来自地下土壤和岩石。此外，用工业废渣制造的建材（如粉煤灰水泥、粉煤灰砖、磷石膏板等）由于放射性物质有不同程度的富集，对室内空气也造成放射性污染。此外，普通建材中的花岗岩、页岩、硅、红砖、大理石等建材，都有一定程度的放射性污染。

通常情况下，人的一生中受到的天然性辐射有一半来自氡气。高浓度的氡可直接导致肺癌、白血病和呼吸道疾病，因此氡被美国科学家称为"小能量炸源"，国外流行病学调查资料显示：15%的肺癌患者发病与其

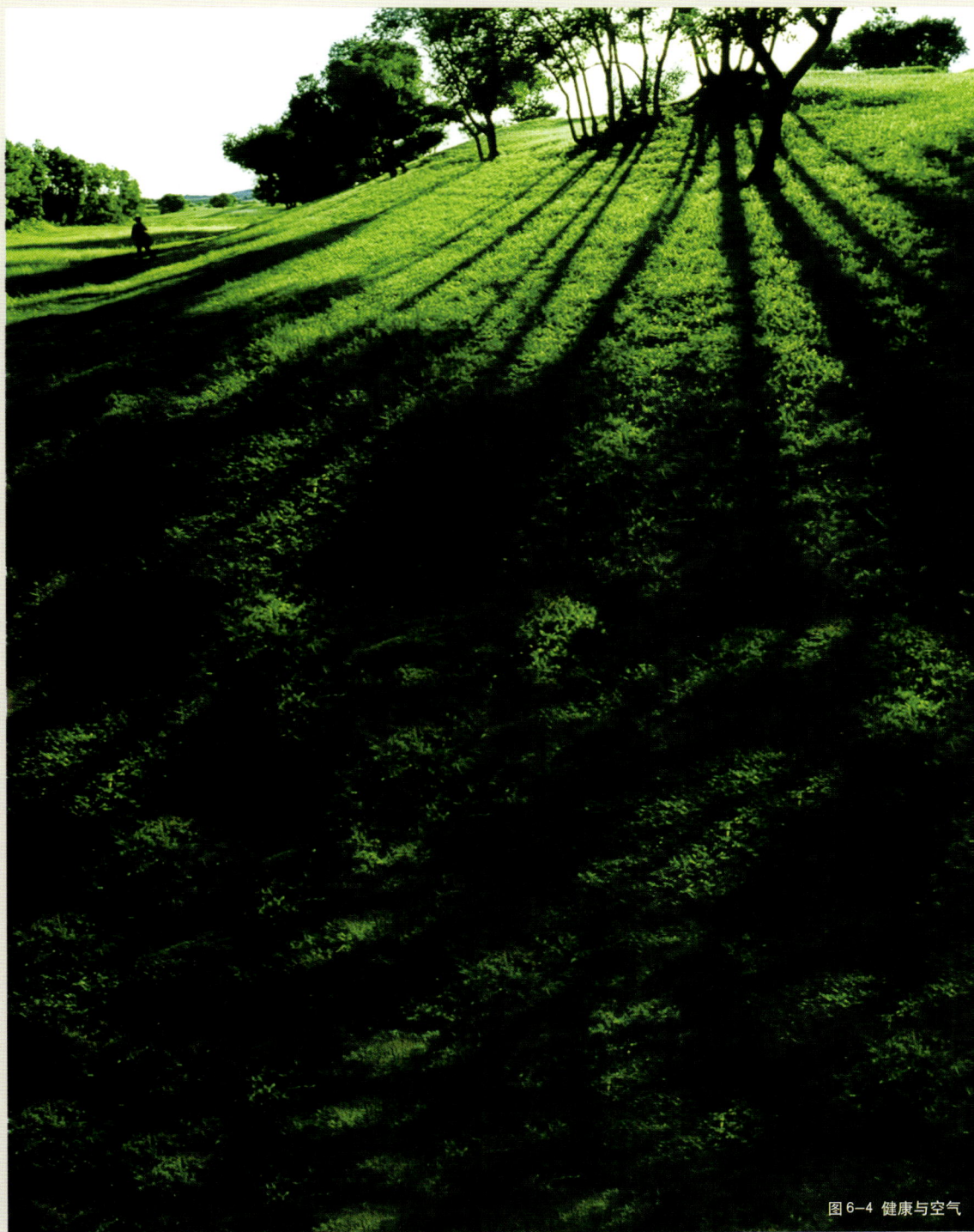

图6-4 健康与空气

摄入的氡气的量有关。

（3）化学污染。这是影响室内空气质量的主要因素。污染室内空气的主要化学物质有甲醛、苯、二甲苯、氨、CO、CO_2、NO_x 以及挥发性有机化合物份（VOC）等。

甲醛是一种原生有毒物质，能对人的眼、鼻、喉、皮肤产生明显的刺激作用。当空气中甲醛含量超过一定浓度时，会导致人流泪和不适感，含量再高时，可引起恶心、呕吐、咳嗽、胸疼等；含量更高就会引发肺炎，甚至死亡。挥发性有机化合物（VOC）是污染室内空气的重要有毒物质，浓度高时可引起人体麻醉窒息、患神经炎、肺炎等。苯类物质能刺激呼吸道，破坏造血功能，长期接触会对人体造成严重伤害。

（4）生物污染。室内空气中的生物污染主要包括细菌、霉菌、尘螨、病毒、花粉、生物体皮屑等。目前已知的能引起呼吸道感染的病毒，包括"非典"病毒在内有200多种，大部分是在室内通过空气传播的。加拿大的调查认为，室内空气质量问题有21%是由生物污染引起的。从各国的调查资料看，生物污染主要有以下几种：①霉菌，能引起恶心、呕吐、哮喘、痢疾等呼吸道和肠道疾病。法国专家认为霉菌导致的哮喘比花粉和动物皮毛导致的皮肤过敏要严重得多。②尘螨，是空气中最常见的微生物之一，能引起过敏性疾病（如皮炎、鼻炎等）。地毯和室内空调的普遍使用为尘螨的滋生繁殖创造了条件。③军团菌，是一种可以寄生在管道水中的细菌。它在自来水中可存活一年。军团病表现为发热、肌疼、头疼、咳嗽、呼吸困难，病死率达15%～20%。我国调查资料表明：军团病占成人肺部感染的11%，占小儿肺部感染的5.45%。军团菌在空气中的传播能力

也很强。④生物体皮屑。近年来家庭喂养宠物增多，宠物皮屑及其产生的毛发、唾液、尿液对空气的污染会给人体带来哮喘、过敏性皮炎等变态反应性疾病。

6.2.2 影响室内空气品质的因素

（1）室内污染源

室内空气中的污染来源是多方面的，但主要室内空气污染源主要在4个方面：①建筑围护结构及其表层材料；②室外环境；③室内人员数量及其活动情况；④暖通空调设备及系统。所有这些都可能成为室内空气的污染源，影响着室内空气品质。

（2）室外环境的影响

通风空调系统引入的新风来源于室外，室外的环境污染必定影响着室内空气品质。ASHRAEstandard 62—1999对不同建筑物空调用室外空气均有明确的标准，只有符合标准的新风才能起到清新室内空气的作用，如室外空气中的污染物浓度超过室内控制指标，在这种环境下，直接引入的新风不仅不能起到稀释污染物的作用，还会恶化室内空气品质。

（3）空调系统对入室空气的影响

美国明尼苏达大学和加州伯克利大学劳伦斯实验室论文指出：空调系统往往成为入室空气的污染源，其中最严重的问题是新风量不够。赫尔辛基大学对空气处理机和空调系统作了认真的实验测定，结果指出，几乎所有组成构件都是污染源和臭味源，其中包括过滤器、盘管、热回收器、风机和消声器，其恶化结果最严重的是过滤器（纤维型）。此外，不同的通风方式和气流组织方式，对稀释和排除室内空气污染物的效果不同，也会

影响到室内空气品质。

6.2.3 室内空气污染的危害

据美国环保局对各种建筑物室内空气连续5年的监测结果表明，迄今已在室内空气中发现有数千种化学物质，其中某些有毒化学物质含量比室外绿化区高20倍，新建筑物完工后的前6个月内，室内空气中有害物质含量比室外空气高10~100倍（表6-1）。

据统计，中国城市人口每天有80%以上的时间在室内度过，而婴幼儿、孕产妇和老弱病残者等敏感人群在室内活动的时间更长。长期置身于被污染的室内环境，对人的身心及健康会产生严重的不良影响。此外，中国室内装饰协会室内环境监测中心发现，在患白血病的孩子当中，近90%的孩子家中近期都曾经装修过，而且不少孩子的家里还是豪华装修。有关专家认为，一方面，儿童的身体正在成长中，呼吸量比成人高50%；另一方面，儿童有80%的时间生活在室内。室内环境污染容易诱发儿童的血液性疾病、增加儿童哮喘病的发病率、导致儿童铅中毒、大大降低儿童的智力。一系列统计数据也显示，装修材料的有害物质造成的室内污染，极有可能是导致近年儿童白血病高发的一个重要诱因。虽然家庭装修是否会诱发小儿白血病还有待进一步考证，但一系列统计数据，让医学专家不得不作出如下推断：装修材料的有害物质造成的室内污染，极有可能是导致近年儿童白血病高发的一个重要诱因。甲醛暴露与人体刺激作用的剂量效应关系见表6-2、表6-3。

住宅和商业建筑中常见的室内空气污染物质　　　　　　表6-1

室内空气污染源	室内空气污染物质
香烟烟雾	一氧化碳、可吸入颗粒物、有机污染物
不流动的死水（通风系统）	生物类污染物质（各类军团、细菌等）
人群活动场所产生的污染	二氧化碳、臭气（生物的排泄物）、细菌和病毒
日用品、家具和建筑材料	甲醛、挥发性有机物、石棉
旧的油漆木材料	气载重金属（铅尘和汞）
计算机、复印机及排字设备	臭氧、有机物、颗粒物质
户外空气渗入	硫氧化物、氮氧化物、碳氧化物、臭氧、总挥发性有机物、颗粒物质
车库、仓库	一氧化碳、氮氢化合物、颗粒物质
建筑材料、土壤、岩石释放的物质	氡、放射性、石棉、挥发性有机化合物
厨房燃烧器、取暖器	一氧化碳、氮氧化物、有机物、颗粒物质
溶剂、油漆、杀虫剂、化妆品	挥发性有机物
家用电器、手机、高压电线	电磁辐射

甲醛暴露与人体刺激作用的剂量效应关系   表 6-2

甲醛浓度水平（mg/m³）	中间值	效应
0.06~1.2	0.1	嗅阈
0.01~1.9	0.5	眼刺激阈
0.1~3.1	0.6	咽刺激阈
2.5~3.7	3.1	眼刺激阈
5.0~6.2	5.6	流泪（30分钟暴露）
12~25	17.8	强烈流泪（1小时暴露）
37~60	37.5	危及生命：水肿、炎症、肺炎
60~125	125	死亡

通风换气量与氡所致癌症的关系   表 6-3

冬季通风换气 （次/h）	居民对氡的放射 平均接触量	氡所致癌病例 （人·年/百万）
0.8	0.15	30
0.5	0.22	44
0.4	0.28	56
0.3	0.38	76
0.2	0.58	116
0.1	1.15	230

6.3 万国城Moma的空气主张

建筑似乎与空气总有一种天然的隔阂！我们总能听到一个词——死角。死角不是真空，死角仍有空气，但死角宣告了一个事实，那就是建筑内经常有不流动的不清新的受污染的空气。

有效通风对于改善室内空气品质，控制室内空气污染水平，实现健康建筑有着重要的意义。研究发现，室内污染物的浓度与室外空气污染物浓度、室内污染物产生率、系统排污能力以及通风量有关。要实现有效的控制：一是尽可能降低来自室内外空气污染物的浓度，消除、减少、隔离、封闭和排除各种室内空气污染源，采用过滤、排风、抽取等方法排除各种污染物。要注重建筑物围护结构及表层材料的选取，使用绿色环保型建筑材料，并使有害物充分挥发后再使用。控制异味的来源，减少使用能产生各种VOC的有机化合物，减少室内吸烟和燃烧过程。在污染物比较集中的地域或是房间，采用局部排风或过滤吸收的方法，防止污染物的扩散。二是充分利用外部供风，增加新风来稀释冲淡室内污染物浓度。

通风系统采取的稀释、扩散和短循环等类型是减少室内空气污染，实施有效控制的主要手段。有人曾对通风换气量与氡所致癌症关系进行研究，发现氡所致癌病例数与通风次数存在明显的负相关关系，随着通风次数的增加，病例数明显减少。具体如表6-3所示：

改善室内空气品质是一个系统工程，涉及多个专业领域，需要从多方面着手来解决这个问题。从建筑设计考虑遵循生态环境的设计原理，考虑建筑总平面规划，城市微气候的改善，建筑材料满足室内空气质量标准，尽可能利用自然能源或是采用最少的能源来达到人们生活、工作所需的舒适环境，是解决建筑室内空气质量的根本措施。

万国城Moma在项目设计的时候就充分考虑建筑的空气问题，不仅用最先进的模型模拟所在区域气流状况，通过适当的规划，达到最满意的效果，而且还采用一个全新的物理系统——全置换式新风系统，让居住者总是能呼吸到新鲜的空气，产生很舒适的感觉(图6-5,图6-6)。

6.3.1 室外气流模拟

万国城Moma为处理好冬季防风和夏季引导自然通

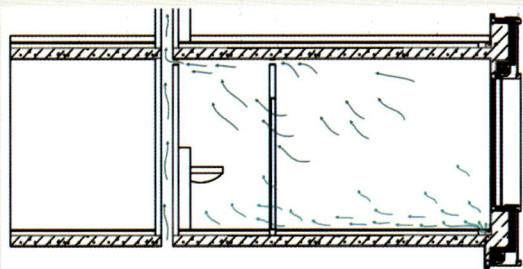

图6-5 通风系统示意图

风的关系，达到冬季小区局部最大风速不超过5m/s,建筑物前后压差不大于5Pa,以减少冷风渗透。为了达到建筑物的良好通风，万国城Moma采用了由英国帝国理工学院CHAM研究所开发的PHOENICS软件，根据项目所在地的风玫瑰图，通过适当规划使得人的活动区有舒适的空气环境，避免住宅建筑和主要通道改变周围的风向和风速指标。PHOENICS软件是CFD软件中的元老和权威，采用众多的湍流模型和差分格式，已在数千个工程算例中获得证明，具有广泛的适用范围。

经评估，在冬季刮北风时，小区内绝大多数区域的风速满足评估手册里不高于5m/s的要求。综合考虑小区绿化尤其是行道树的影响，局部风速略高的地方实际风速不会高于5m/s;在冬季刮北风时，小区内绝大多数建筑前后压差可控制在5Pa以下。在夏季刮南风时，小区内绝大多数区域能保持通畅的风道，建筑前后保持2Pa左右的压差，从而在开窗的时候，容易形成良好的自然通风，而且小区内基本没有气流死角，不会影响污染物的发散。

6.3.2 全置换新风系统

万国城Moma如何实现有效的通风呢？通风的有效

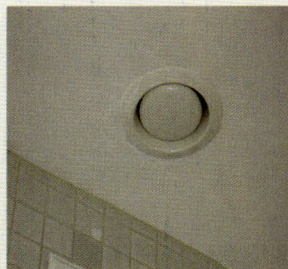

图6-6 排风口

性主要是指：供给恰当的供风量，理想的送排风布局，提高通风效率。发挥通风有效性，既要注重新风的量，更要注重新风的质。合理确定新风口的位置，采集高品质的新风，尽量减少或者消除新风处理、传递和扩散中的污染。

1.恰当的供风量

保证一定的供风量用于稀释污染物、降低室内污染物浓度十分重要。现在一些通风空调设备的设计和运行只注意节能，或采用低效率的空气过滤设备，或不恰当地减少新风量，或使室内空气分布流动不合理，客观上为各种污染物在空调环境里的滞留与积聚创造了条件，同时也造成了空调设备和系统本身的污染，这是导致室内空气品质不好的一个重要原因。

为了保障室内空气品质，通风空调系统对送风进行温度、湿度处理的同时，也要担负起排除各种室内污染物的任务。因此，就要科学地设计供风量，保证通风的有效性（表6—4）。

受室内污染源、人类活动等各方面的影响，不同的室内环境对供风的要求也不相同，各种房间换气次数要求如表6—4所示。

万国城Moma的全置换式新风系统可保持24h持续新风供应，从而能够安全有效地解决室内空气污染的问题。全置换式新风系统在中央空调的系统外加独立新风系统，令新风能充分起到系统的回风运作，保证每户新风量在每小时约300m³（国家标准为每人每小时30m³），摆脱了传统内循环新风的空调，确保居住者在不适宜开窗时能够呼吸到新鲜、安全的空气。

2.足够的新风量

有效通风对于改善室内空气品质，控制室内空气污染水平，实现健康建筑有着重要的意义。然而，要实现有效通风，保证一定量的新风供应是关键。目前，大多数通风空调系统由于要考虑能耗问题，都要利用室内空气经过过滤、处理、再循环重复利用，送回房间的是室外新风与循环回风的混合风。

然而，新风是保障良好室内空气品质的关键。引入低污染的新风，减少或消除新风处理、传输和扩散过程

各种房间换气次数要求 　　　　　　　　　　　　　　　　表6—4

房间	换气次数（次／h）
居室走廊	1.0
室内走廊	0.5
活动间	2.0
公共宿舍寝室	1.0
厨房	3.0
浴室	1.5
厕所	2.0
公用大厅（礼堂／休息室）	1.0/1.5

的污染，发挥新风效益，就要尽可能保持新风的品质，同时根据建筑物室内空气品质的等级需求，恰当地选择新风量，并且保证新风量调节的柔性和经济性，降低新风能耗。从某种意义上讲，实现稀释作用的空气流是量，而送风中的新风是质。

为取得高质量的新风（图6-7），万国城Moma的新风取自扬尘不易到达的80m高空。经过过滤、消毒、加湿或除湿等多重处理后，以每秒0.3m的低速从房间底部缓慢注入并充满整个房间。缓慢注入的新鲜空气不会产生气流，能够有效避免夏季楼板结露，令室内相对湿度维持在30%～70%。

3. 理想的送排风布局

利用稀释原理使室内空气品质提高，不能单纯关注稀释空气量，还要注意通过改善气流组织来发挥气流的

图6-7 新鲜的空气

最大稀释效益，减少空气滞留区面积，提高各种效率，实现有效通风，使室内空气分布和流动更加合理。

万国城Moma的新风都从房间下部送出，以非常低的速度和略低于室内温度的温度充满整个房间。所谓的低速，就是不产生气流和风感。此外，由于新风的温度比室温稍低，会形成一个新风湖沉在地面。居住者和其他室内热荷载加热新风，产生上升的气流。这种方式产生的暖气流带着新鲜空气流入人的鼻子，带走了身上的汗味、人呼出的废气及其他混浊气体，最后，到达房间的顶部，从排气孔排出。

每一户多的有12根新风管，少的也有10根，惟一不送新风的就是厨房和卫生间。厨房和卫生间虽然没有新风，但是因为是排风处，所以也有足够的新鲜空气，而且能带走厨房和卫生间所有污浊、潮湿的气体，并使其味道不会散发到其他房间里去。

由于屋顶实施强制式机械抽风系统，在各户的厨房及卫生间的管道排风口，因强制式抽风效能，可使室内的热气与废气，由抽风口强制抽离，充分保障室内空气的新鲜，即使室内长久封闭无人在家，仍能避免不流通的异味和霉味。同时在各楼廊道及大堂，亦有新风系统，保障公共空间也能时刻排除病毒。

6.3.3 新风系统与传统空调系统的比较

目前国内住宅较常见的室内换气系统或设备主要有换气扇、吸油烟机、空调等，通过机械强制排气的方式，排除室内污染的空气（烟气、燃烧废气、臭气、水蒸气、二氧化碳等），对室内进行全面或局部换气（表6-5）。

传统的做法是新风和回风在机房混合处理后送入室内，虽然新风的比例已经满足了规范的要求，但对于长期在室内工作的人员来说，真正吸进的还是掺了新风的污浊空气，或者说是稀释了的污浊空气。有的工程采用了不恰当的吊顶空间回风或将机后作为空气混合回风箱，尽管混合了新风，但由于吊顶空间装修材料有机物的挥发、墙体楼板的灰尘或机房凝水不畅的微生物污染等，所送到室内的空气可能会比原来室内的空气污染物种类还多，虽然温湿度达到要求，而空气品质却恶化。

传统空调系统与健康室内环境系统的比较如下所示：

全置换式新风系统

污染空气与新风完全分离，有利健康，无吹风感；

无噪声；

低风速、风量小，但持续不断；

空气不承担制冷、采暖负荷，所需管井管道尺寸小。

传统新风／回风系统

不利健康：污浊空气与新风混合使用；

风速高，送风量大；

空气承担制冷／采暖负荷，所需管道尺寸大；

传统空调系统，不论每小时新风置换次数多少，其所送入的新风都会和回风混合，无法保证真正的新风品质。

国内住宅常用的室内通风换气方法比较　　　　　　　　　　　　　　　　表6-5

方法	换气方式	优缺点
开窗通风	自然换气	优点：通风量大 缺点：1.无法避免噪声；2.夹带大量灰尘；3.刮风、下雨、下雪时不能开窗；4.使用热或冷源时，室内能源损失大；5.室内无人或睡眠时开窗不安全；6.风大时吹走物体，人易伤风
排气窗	机械换气	优点：可控换气，排除室内热气、湿气 缺点：1.用电、耗能源；2.通电时才换气，不是连续通风；3.单向排气，新风难入室内；4.使用时间愈长，噪声愈大；5.装在外墙有碍美观；6.后续费用大
空调换气	热交换换气	优点：集温度监控与换气于一身，无需增加换气设备 缺点：1.循环使用室内空气使人易患"空调病"；2.窗式空调有少量新风，但噪声大；3.分体空调新风量不够；4.风中含氧量不够，空气干燥；5.费用大，能耗大；6.一年中使用时间短

7 水

上善若水，水善利万物而不争，处众人之所恶，故
几于道。居善地，心善渊，与善仁，言善信，正善治，
尹善能，动善时，夫唯不争，故无尤。

——《老子·八章》

水是生命之源，它有着与众不同的特质。子云：水
有五德，因它常流不息，能普及一切生物，好像有德；
流必向下，不逆成形，或方或长，必循理，好像有义；
浩大无尽，好像有道；流几百丈山间而不惧，好像有勇；
安放没有高低不平，好像守法；量见多少，不用削刮，
好像正直；无孔不入，好像明察；发源必自西，好像立
志；取出取入，万物就此洗涤洁净，又好像善于变化。

水作为人类生存环境不可缺少的因素，在建筑中运用恰
当与否是衡量建筑品质高低的一个重要标志。

现代建筑理念从有机建筑论到绿色建筑观，都在不
同程度上运用了水的概念，但是最终没有找到好的出
路。总结以往经验教训，现代建筑如果仍然只是一味地
在技术层面上寻求突破，而不在哲学高度上产生超越的
话，很难解决自身所存在和即将愈演愈烈的问题。建筑
应该与人、自然环境、人为环境等因素和谐共存，应该
"自然而然"地"生长"在环境之中，而这正是广大建
筑师在进行建筑创作中所追寻的目标。水就是万国城
Moma建筑的一个重要突破点和切入点（图7-1）。

图7-1 DANCE Moma水景效果图

图 7-2 珍贵的水资源

在建筑的发展上,"水"的特质正在得到越来越充分的体现。古代建筑和近现代建筑中不乏将水和建筑物结合运用的典范,如印度的泰姬陵和悉尼歌剧院。上个世纪晚期,就有学者预言当今世界八大建筑工程将有七项与水有关,其中包括我国三峡工程和马来西亚吉隆坡的石油大厦,这些预言到今天都成为了现实。而万国城Moma把水在建筑中的运用推上一个新的高度。在万国城Moma中,水使一切都具有了灵气。

水对人类的生存和社会的发展具有重要的意义,但是,这并不意味着水唾手可得(图7-2)。自然水特别是受到污染的水不能直接利用,需要经过一系列处理后经过给水系统才能进入城市的千家万户。随着世界经济的发展和人口的增长,水资源已日趋紧缺,如何把水的高效利用和水的至上享受统一起来(图7-3),这是住宅建筑设计一个重大难题,万国城Moma对此进行了有益的尝试(图7-4~图7-8)。

环境保护
工业化国家应当恪守"京都议定书"关于限制温室气体排放量的规定,保护地球环境,防止全球继续变暖

发展援助
发达国家向发展中国家增大经济援助的力度,其援助比例达到其国内生产总值的0.7%

能源开发
大力推广清洁能源及电能的应用,提高可再生能源在能源消费结构中的比例

清洁水源
节约用水,到2015年实现为一半以上缺乏清洁饮用水源的人口提供洁净饮用水

绿色贸易
促进世界生产及贸易过程中的环保意识和社会责任感

图 7-3 水资源利用与可持续发展

图 7-4 万国城Moma水环境

图 7-5 万国城Moma水环境

图7-6 万国城Moma主体水景

7.1 水环境

水资源是指由当地降水产生的,可以用于人们生产与生活各类用途的,存在于河流、湖泊、地下含水层中的逐年可更新的动态水,主要包括地表水和地下水。水资源具有循环性和有限性、时空分布不均匀性、不可替代性、经济上的利害两重性等四种特性。

水资源并不是取之不尽、用之不竭的。随着全球范围内城市化进程的加快和世界人口总数的剧增,水的供给和需求的矛盾日益突出。在当今世界,不少国家和地区常常闹水荒,特别在我国,水资源因素的制约对部分地区的经济发展带来不利的影响,近年来甚至首都北京的水资源也频频告急。

7.1.1 水资源利用的新出路

资源紧缺呼吁着可持续发展,可持续发展战略的核心是经济发展与保护资源、保护生态环境的协调一致,是为了让子孙后代能够享有充分的资源和良好的自然环境。在可持续发展战略中,重要的一环是水资源可持续利用,它也是水资源开发利用的新出路。

水资源可持续利用是当今世界和我国经济社会发展的战略问题,是实现社会经济可持续发展的必要前提。其核心是提高用水效率,把节水放在突出位置。水资源可持续利用的主要原则是坚持人与自然协调与和谐；坚持生活、生态、生产用水统筹考虑，综合协调；坚持水资源开发利用与经济社会协调发展；坚持采用水资源节约、保护、管理、调整产业结构和外流域调水等综合措施；坚持政府宏观调控，综合运用价格等经济杠杆。水资源可持续利用的总体目标是实现水资源供需平衡，以水资源的可持续利用保障社会经济的可持续发展。目前主要是重点建立三个保障体系：建立较为完善的防洪减灾安全保障体系；建立安全可靠的水资源供给与高效利用体系；建立维护生态安全的水利保障体系。

在世界范围，新加坡是各国家和地区的节水楷模。

在水资源可持续利用上，新加坡开发保护双管齐下。新加坡年降雨量高达2350mm，但由于国土面积只有600多 km^2，人均水资源只有 $211m^3$，居世界倒数第二，属于严重缺水国家之列。新加坡400万居民的日常用水，一半是依靠收集储存的雨水，另一半则是根据新马供水协议，长期向马来西亚买水。在这种情况之下，保护和利用水资源自然成为举国之重。素有狮城之称的新加坡处处高楼林立，为防止地层塌陷，政府严禁开采地下水，只能利用地表水。其方法主要有三：一是将分布各地的集水区收集的雨水，引入各大蓄水池，经水厂处理后进入供水管网。集水区通常也是自然保护区，其土地

图7-7 万国城Moma水景方案图

89

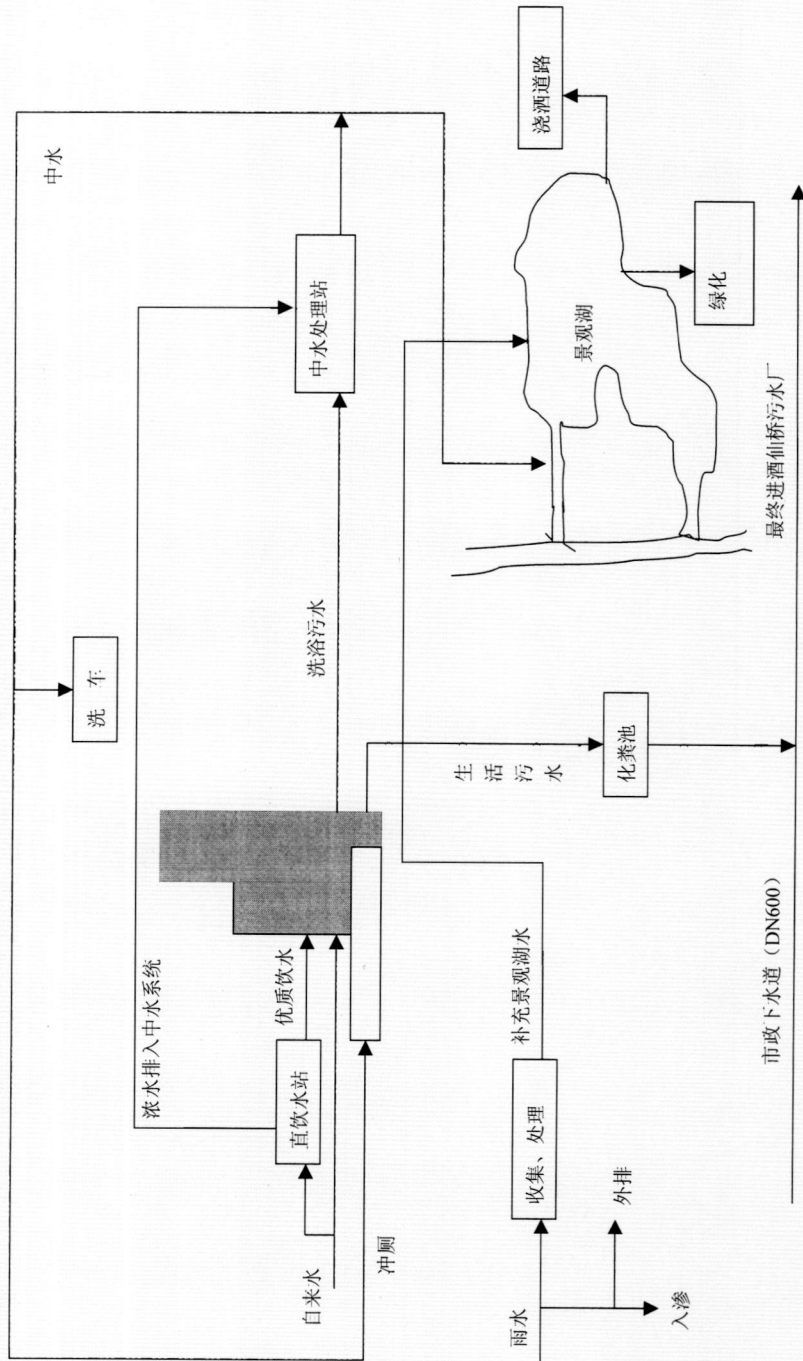

图7-8 万国城Moma水环境规划推荐总体方案

专门用来收集雨水。二是利用河流建造蓄水池。目前新政府正规划在新加坡河的出海口建造一个大坝，将河水和海水分开，这样就可将新加坡河变成一个小水库，缓解缺水的难题。三是循环利用水资源。新加坡政府经过多年研究，终于成功开发出"新生水"技术，即回收生活废水加以循环利用。目前生产的新生水已经部分注入各大蓄水池，与自然水混合使用。新加坡的水资源可持续利用模式已经成为其他国家和地区的参照模式。

7.1.2 水是万国城的永恒主题

正是基于对现代城市水资源状况的正确认识，建筑师们运用先进建筑理念，在万国城Moma中采用了先进的水处理技术和给排水方案。在万国城Moma的设计过程中，系统工程师认真研究了给排水解决方案，做了四种给水系统，包括冷水系统、热水系统、中水系统，还有直饮水系统；两套排水系统，废水系统与污水系统，完全能够满足小区内水的良性循环，营造了一个良好的水环境，达到了很高的综合效益。

1. 水环境工程

万国城Moma的水环境由三大部分组成：第一，住区供水；第二，住区和室内排水；第三，雨水利用和景观水。关于住区供水，万国城Moma的生活热水系统采用城市热力管网供应，热媒为加压高温热水，其中供／回水温度冬季为130/70℃，夏季为70/50℃；采用热水变频调速供水设备，上行下给式干管循环；每户设热水表，安装在竖井内；热水系统采用24h机械全循环系统，热水温度有保证，热水循环系统运行安全可靠，供水水

质水量安全可靠，饮用水采用直饮水系统，饮用净水满足《饮用净水水质标准》CJ90－1999；其他生活用水采用市政自来水管网供水，安全可靠。并且，万国城Moma充分利用中水，采用先进、成熟、可靠的污水处理技术，处理出水水质满足《城市污水再生利用景观环境用水水质》GB/T18921—2002及《生活杂用水水质标准》(CJ25.1－89）要求，有水质保证监测系统。中水可以作为景观用水、补充水、道路、绿地喷洒、洗车、厕所冲洗水等。万国城Moma的排水系统设置合理。它的排水系统为雨污分流制系统，即分为污水排放系统和雨水排放系统。其中，污水排放系统又分为生活污水排放系统和生活废水排放系统。住宅楼的生活废水系统，除首层和地下层以及各层厨房、卫生间排水不作收集外，收集其他层淋浴器、浴盆、洗脸盆、洗衣机等优质杂排水（图7-9，图7-10）。

万国城Moma还注意雨水收集、处理与回用。小区雨水考虑分别收集地面雨水及屋顶雨水方案，经技术经济比较确定只收集屋顶雨水较合理。屋顶雨水收集处理后达到《城市污水再生利用景观环境用水水质》GB/T18921—2002。处理屋顶雨水直接补充景观水水体，间接喷洒道路、绿地，还可以作为消防水补充水源。

万国城Moma还有很大的亲水空间。它利用地处于河湖滨水地区的优势，将城市景观水体充分利用，形成小区内部水景，万国城Moma社区的南区建有景观湖，水域面积7000m²，水深0.5m。在景观湖建水景、平台及亲水步道，形成人景交融的滨水景观。景观湖采取工程措施，能够使湖水及时退水和有效排放，并使湖水缓

缓涌动。

2. 水环境规划的效益

通过权威机构的评估，万国城Moma小区用水情况和总量如表7-1，表7-2所示。

以万国城Moma南区为例，由于规划了中水再利用系统、直饮水系统、雨水收集利用系统，以及规划中建有人工景观水体，使住宅建筑投资增加约10元/m²。但同时可获得以下效益：

(1) 南区每年可节水25.5万m³，节水率达到35.3%。

(2) 由于中水再利用，每年每户可节约用水费用的支出92.8元（在自来水水价为3.7元/m³的条件下），随着自来水水价的上涨，可节约的费用还会增加。

各类建筑物分类给水百分率　　表7-1

项目	住宅	备注
冲厕	21%～21.3%	
厨房	19%～20%	
沐浴	29.3%～32%	包括盆浴和淋浴
盥洗	6%～6.7%	
洗衣	22%～22.7%	
总计	100%	

(3) 减少小区向市政管网排放的污染负荷，改善了环境。

(4) 由于利用处理后中水作为景观补充水，在水资源严重缺乏的北京，为建成亲水型住宅提供了水资源条件。

小区各用水点用水量估算表　　表7-2

序号	用水点	用水定额	用水量(m³/d) 全区		南区		北区	
			使用数量	用水量	使用数量	用水量	使用数量	用水量
1	生活总用水量	250L/(人·d)	7904(人)	1976	5011(人)	1252.8	2893(人)	723.2
2	公建用水量	6L/(m²·d)	9.1(万m²)	546	8.14(万m²)	488.4	0.96(万m²)	57.6
3	总用水量	K=1.2		3026		2088.5		937
4	冲厕用水	生活总用水量21%		415		263		152
5	洗涤用水	生活总用水量60%		1185.6		751.2		434
6	景观用水补水	10天换一次		450	2800	280	1700	170
7	绿化用水	2L/(m²·次)		21300	42.6	22100	44.3	
8	浇洒道路	2L/(m²·次)				25.5		25.5
9	洗车用水	350L/辆次	3267(辆)	64	2297(辆)	45	970(辆)	19
10	厨房用水	占生活总用水19%		375				
11	直饮水源			60				

注：
1.景观用水补水、洗车用水、冲厕用水，由小区中水站供水；
2.绿化用水及浇洒道路用水由景观湖水供水；
3.直饮水、洗浴用水、厨房用水及公建用水由自来水系统供给。

鉴于上述效益分析，估算水环境规划的实施，将可使万国城Moma南区住宅房价升值约为300～500元/m²。水资源可持续利用的方案也同样将在万国城Moma北区得到实施。这构成了万国城Moma水优化处理的整体方案，实现了水资源的优化配置。

7.2 万国城Moma的水资源可持续利用

水资源必须可持续利用，水资源才能可持续发展。这实在很难，可是必须做到，特别是首都应该做到。

——张光斗

著名水利水电专家、两院院士、清华大学教授

万国城Moma在设计中贯彻了水资源可持续利用方针，大量回收利用雨水、利用中水并把人工湿地引入水景观。其中，中水处理在万国城的水资源可持续利用上占有主要地位。另外，万国城Moma还应用了地漏优化系统。

7.2.1 万国城的中水主张

中水指各种排水经处理后，达到规定的水质标准，可在一定范围内重复使用的非饮用水。中水名称源于日本，有着多种不同的叫法，在污水工程方面称为"再生水"，工厂方面称为"回用水"。

对中水的概念人们并不陌生。其实，一般家庭习惯把洗衣和洗菜的水收集起来，用于冲厕所和拖地板，这就是最简单的中水利用办法。在美国、日本、以色列等

图7-9 万国城Moma卫生间地漏优化系统

图7-10 万国城Moma卫生间内景

国，厕所冲洗、园林和农田灌溉、道路保洁、洗车、城市喷泉、冷却设备补充用水等都大量使用中水。目前城市供水的80％转化为污水，经再生处理，其70％可安全回用于工业冷却、园林绿化、汽车冲洗及居民生活杂用，估算相当于增加城市供水量的50％。近年，随着住宅小区绿化的增加，草坪、绿植、水景、洗车等用水量加大，为了节水，有关部委及地方政府都明文要求，今后的住宅小区必须建设中水设施。因此，建设中水处理设施，将是房地产开发商及物业管理公司未来必然面临的一个课题。而经济、有效、安全的处理并使用中水，在最大限度节水、满足社会效益的同时产生更大的经济效益，将是政策制定及技术研究的重要内容。

(1) 中水是住宅建筑的新亮点

中水具有一般自来水难以比拟的优势。第一，中水价格比自来水便宜一半，使用中水既能节约自来水，又能在同样用水量情况下，节省家庭用水开支。而且随着阶梯水价的实行，自来水和中水的价格会进一步拉开，节省的比例会更大。另外，中水的使用还减少了自来水用量的压力和使用过量的可能。第二，中水用于浇绿地、冲洗小区道路、消防及景观用水等，能给物业管理带来长久利益，也可间接的降低物业费。比如，目前一个 6 万 m² 建筑面积的住宅小区，每月用于灌溉小区绿化的自来水费达 3000~6000 元，使用中水就可以省五成之多。在实行梯级收费后，这一优势将更加明显。

随着各地水价的不断攀升，中水的价值越来越显现出来，同时也给业主和物业公司带来长久的利益。事实上，小区引进中水系统，不仅是房地产销售的亮点，也提高了小区自身的环保标准。专家分析认为，如果小区在建设前期能够协同中水公司建立系统的中水管道，使物业自身通过污水处理系统完成水处理的循环功能，从长远看城市住宅小区物业得到利益，也给业主降低了支出。

在城市住宅小区采用中水系统，既可减少污染，又可增加可利用的水资源，有明显的经济效益和社会效益，同时也将成为建筑给排水的一个发展方向。首先，城市住宅小区具有利于中水系统设计和平稳运行的水量特点（排水量大，杂用水需求也大，水量容易平衡）；其次，城市住宅小区的不断规模化，以及水处理技术的发展，将使中水系统的初始投资和运行费用大幅度降低；再次，住房的商品化、小区物业管理的规范化，都为中水系统的投资回报奠定了基础。

(2) Moma 小区中水处理利用模式

在万国城 Moma 南区有一个日处理 1000t 中水的处理站，北区有一个日处理 700t 中水的处理站。楼内收集的废水进入中水处理站进行处理，污水排入市政污水系统，屋面雨水收集后也送入中水处理站处理，处理过的中水用于园林绿化、水景用水。万国城 Moma 的中水系统分为三个组成部分：原水收集、处理设施及回用系统。

1) 原水收集 生活排水多种多样，综合起来可以分为以下几种：洗浴排水、盥洗排水、厨房排水、冲厕排水等。其中，洗浴排水和盥洗排水合称为优质杂排水，若包括了厨厕排水则称为全生活污水。随着我国水处理技术的发展，以优质杂排水为中水水源作为一项成熟技术，在万国城 Moma 中得到了广泛应用。

2) 建设形式 由于中水设施位于居民小区内，万国城 Moma 的中水处理站建设方式考虑到噪声、异味及固体废物等不良因素对小区整体环境产生的负面影响，选择了适当的建设形式。对于处理设施中的两个水池，采用地下全封闭的建设形式，设备的选择要综合考虑噪声、检修、能耗等多种因素；在小区的整体规划阶段就应该充分考虑中水设施的建设形式和规划位置，尽可能降低管网建设、水池等系统的造价，并使中水构筑物更好地与小区的整体风格相融合。

万国城 Moma 中水处理站核心工艺的选择十分注意小区中水系统普遍存在的特点，其处理设施所选择的工艺必须具备与之相符合的功能。由于居民用水从时段上讲很不均匀，因此所选择的处理工艺具有较强的耐冲击负荷能力。万国城 Moma 还按照国家的相关中水回用标准中对氮、磷的处理有较高的要求，处理设施所选择的

```
                                                              消毒
优质杂排水  →  ┌──┐  →  ┌──┐  →  ┌──┐  →  ┌──┐   ┌──┐   ┌──┐  → (中水回用)
           粗格栅     调节池    细格栅     厌氧池   膜生物   中水池
(中水原水)                                          反应物
                                   ↑
                          ┌────────┴──────────────────────┐
                          │   回流污泥      剩余污泥排放   │
                          └──────────────────────────────→
```

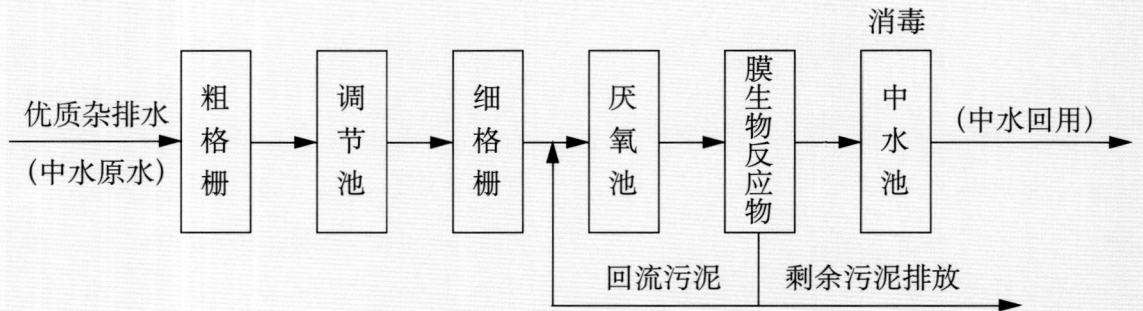

图7-11 中水回用顺序

工艺具备脱氮除磷的功能,防止回用于人工湖等景观水体出现黑臭等现象。万国城Moma中水处理出水水质应满足《城市污水再生利用景观环境用水水质》GB／T18921-2002及《生活杂用水水质标准》CJ25.1－89要求,有水质保证监测系统。

(3)回用 万国城Moma,中水采用如图7-11所示的回用顺序:

万国城Moma中水回用遵循了以下原则:第一,在小区的整体规划阶段就充分考虑中水设施的建设形式和规划位置,并重点考虑中水构筑物更好地与小区的整体风格相融合;第二,确定以优质杂排水为水源的原则,以提供足够的回用水,降低吨水投资和回用成本;第三,以小区全部可应用中水用途确定处理规模,最大限度地节约用水,并产生最大的经济效益。

7.2.2 地漏优化系统

厨房卫生间的地漏问题常常被多数家庭忽略,应当引起足够的重视。地漏所处的环境有两个特殊之处:第

一,它排除的是地面水,水质较差,固体物、纤维物多,易在水封中沉积;第二,相邻两次排水的最大时间间隔较长,使得沉积积实,不能由下次的排水自清。因此,地漏就需要定期检修,及时更换配件,以保证设备长期正常使用。而目前普遍采用的传统"水封式"地漏,大多数居民在做清洁时,习惯使用拖把抹地,而不是用水冲洗,造成地漏经常处于干涸状况。而缺乏了水媒介,对下水管中的有毒有害气体、昆虫等就不能很好地起到阻隔作用,就会导致密封失效,地漏便成为有害病毒细菌传播的通道。

万国城Moma的地漏优化系统,能够有效地堵住地漏漏洞,让有害病毒细菌远离人们日常生活。在厨房中,不设地漏。整个居室,只有卫生间设有一个地漏。卫生间水平位置较低,所有的污水通过惟一的地漏排出。地漏采用水封式设计,能够起到良好的密封效果。由于卫生间是淋浴等用地,水流不断,地漏能够很好地发挥密封功能。万国城Moma还准备采用专利技术——机械密封新式地漏系统,使密封效果更上一层楼。

8 声环境

人类生活在各种各样声音之中，要想使周围环境绝对寂静是不可能的，但声音过大或过于吵闹却会给人带来损害，成为人们不需要的东西——噪声。在喧闹的十字路口、餐厅或商场里，很多人常常会有如此感受——头晕、眼花、耳鸣、恶心……不管您愿不愿意，城市中的各种噪声如影随形，无时无刻不在危害着人们的身心健康。

8.1 噪声——现代都市无处不在

8.1.1 声音的基本知识

声音的强弱称为声压，它由气压迅速变化的振幅大小决定。对于1000Hz的声音，人耳刚能听见的声音与感到疼痛的上限声压相差达100万倍，同时声压的变化

范围与人耳感觉的变化也不是成正比的，而是近似地与它们的对数值成正比。故常用声压级来描述声音的强弱，其单位是分贝(dB)。例如声音强度大到10倍时，听起来才响了一级（10dB），强度大到100倍时听起来才响了两级（20dB）。对于1000Hz的声音信号，人耳能感觉到的最低声压为2×10^{-5}Pa，把这一声压级定为0dB。当声压超过130dB时人耳将无法忍受，故人耳听觉的动态范围为0—130dB。大多数人对信号声级突变3dB以下时是感觉不出来的(图8—1)。

一般人觉察不到声音一分贝变化的影响。我们可以从军事上看到一分贝的重大意义。2004年11月6日，武汉和平风机厂研制出为我国最新型核潜艇配套的风机，使中国核潜艇噪声降低了一个多分贝。这一个多分贝大

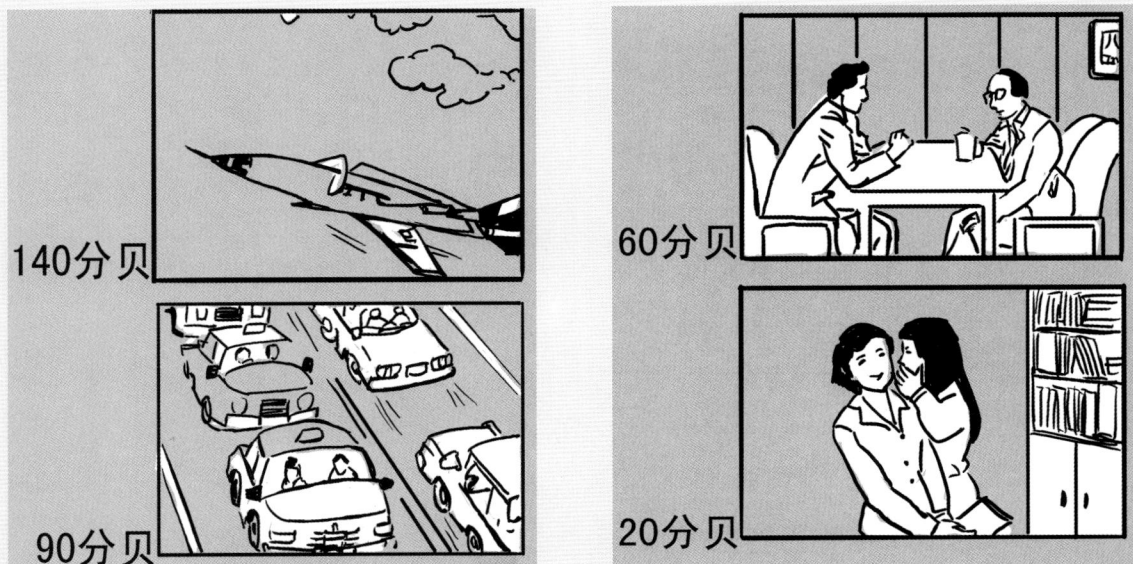

图8—1 一些声音的分贝数

140分贝

90分贝

60分贝

20分贝

大提高我国潜艇的隐秘性和生存能力,让外国军队感到了威胁,被誉为一个了不起的进步。

一组数据显示,时钟滴答声约为15dB;人低声耳语约为20dB;冰箱、电风扇的声音为40~70dB;汽车噪声为80~100dB;电视机伴音可达85dB;电锯声是110dB;喷气式飞机的声音约为140dB……

8.1.2 噪声

从主观需要的角度来看,所有不希望存在的声音都可称之为噪声。比如,在寂静的考场中,再动听的音乐也是噪声;在你看电视的时候,他人的谈话即是噪声;在你与他人谈话的时候,电视声音也就变成噪声了。从物理分析的角度来看:一切不规则的或随机的声信号或电信号都可称之为噪声。噪声可以分为室外噪声和室内噪声。室外噪声包括交通噪声、施工噪声、工业噪声、市井噪声等;室内噪声主要是左邻右舍楼上楼下住户生活噪声的相互干扰,另一方面是设备噪声,如给排水和卫生间设备噪声、电梯噪声、水泵房噪声等。

人们对不同强度的声音的反应如图8-2所示。一般情况下,人在40dB左右的声音环境中可以保持正常的反应速度和注意力。如果超出这一声音量值,人的正常睡眠环境可能就难以得到保证了(图8-3)。如果你和他人的低声交谈无法轻松听清,那么你们也许就处在一个噪声超标的环境中。

在城市环境中,噪声主要是由运行中的各种工业设备噪声以及人群活动噪声向周围生活环境辐射而产生的。在工业生产活动中使用固定机械设备产生工业噪声,在建筑施工过程中产生建筑施工噪声,各种交通工

主观感觉	dB	声音
	150	火箭、导弹发射
无法忍受	140	喷气式飞机起飞
	130	螺旋桨飞机起飞
痛阈	120	球磨机工作
	110	电锯工作
很吵	100	
	90	很嘈杂的马路
较吵	80	
	70	大声说话
较静	60	
	50	
安静	40	图书馆阅览室
	30	睡眠的理想环境
极静	20	轻声耳语
	10	风吹落叶沙沙声
听阈	0	

图8-2 人们对不同强度声音的一般反应

图8-3 宁静

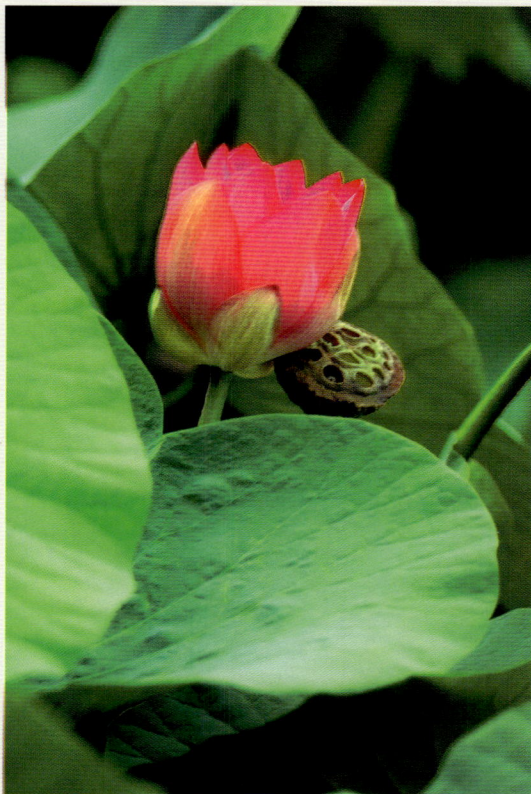

具运行产生交通运输噪声,除此而外,还有各种人为活动产生的社会生活噪声。据近年的统计,在影响城市环境的各种噪声来源中,工业噪声来源比例约占8%～10%;建筑施工噪声影响范围在5%左右,因施工机械运行噪声较高,施工时间不加控制,近年来扰民现象较频繁;交通噪声影响比例将近30%,因交通工具运行噪声大,又直接向环境辐射,对生活环境干扰最大;社会生活噪声影响面最广,已经达到城市范围47%,是干扰生活环境的主要噪声污染源(表8-1)。

2002年,全国首例因建筑噪声污染而将开发商告上法庭的案件在广州开庭。消费者吴女士购买的是某高层住宅的顶层住房,没想到住进去后,电梯的电动机正常运转发出的噪声吵得全家人难以入睡。在多次与开发商协商无果的情况下,吴女士不得不将开发商告上法庭。吴女士全家所受的噪声污染是通过固体传递的,在实际生活中,固体噪声传递要比空气传递更可怕。专家指出,固体传声速度为5200m/s,空气传声速度只有340m/s,而且固体传声往往较难解决。

8.2 噪声是人类健康的杀手

科学研究表明,尽管噪声不会立即置人于死地,也不像大气污染和水污染那样容易察觉,但这并不表明它

中国和瑞士有关民用住宅噪声的国家标准 表8-1

	中国标准		瑞士标准	
	昼间	夜间	昼间	夜间
住宅、居室	≤50dB	≤40dB	≤30dB	≤30dB
分户墙	≤75dB		≤52dB	
楼板撞击声	≤75dB		≤55dB	

的危害不存在。正是由于人们的不在意,噪声常常成为日常生活中的"隐形杀手"。

第一,噪声影响生理系统。它对听觉器官直接带来损伤。长时间遭受过强的噪声刺激,就会造成听力下降,引起内耳的退行性病变,这就叫噪声性耳聋。一般认为,如果某种噪声引起的听力下降超过30dB,就会发生危险,它是产生病理变化的前兆,因此,对这种噪声要采取防护性措施。目前,大多数国家听力保护标准定为90dB,实践证明,在此噪声标准下工作40年后,噪声性耳聋的发病率仍在20%左右,故听力保护标准有日渐提高的趋势。来自权威部门的报道称,目前世界上患耳聋和听力减退者有7000万人之多,其中多数患者是在婴幼儿成长时期所致。噪声除损害听觉外,也影响其他生理系统。神经系统表现为以头痛和睡眠障碍为主的神经衰弱症候群、脑电图有改变、植物神经功能紊乱等;心血管系统出现血压不稳、心率加快、心电图有改变;胃肠系统出现胃液分泌减少、蠕动减慢、食欲下降;内分泌系统表现为甲状腺机能亢进、肾上腺皮质功能增强、性机能紊乱、月经失调等。

第二,噪声对睡眠的影响。有人用脑电波作指标,测试噪声对睡眠的干扰,发现在40～45dB的噪声刺激下,睡眠者的脑电波就出现觉醒反应。这说明强烈的噪声可影响人的休息和睡眠。

第三,噪声对工作的影响。早在1932年国外就调查过噪声对纺织工厂女工劳动效率的影响,发现有防护的比没有防护的工人劳动效率高1%。通常噪声在80dB时,绝大多数工人效率就会降低。究其原因是在噪声干扰下,人们感到烦躁不安,容易疲乏,注意力不易集中,

反应迟钝。

为了保护城市居民的身心健康,我国制定了一些专业标准,规定纯居民区内,住宅的卧室、起居室(厅)内的允许噪声级(A声级)昼间应小于或等于50dB,依据试验,50dB相当于小冰箱启动的声响,这也是常人能够保证睡眠的最大噪声值;夜间噪声应小于或等于40dB,这类似于教室等有特殊安静要求的环境水平。

8.3 万国城Moma的声环境

近年来,随着住宅市场的不断发展成熟,开发商普遍对户型、景观、朝向、采暖等环节开始重视起来,而对隔声降噪问题却缺乏应有的认识。

构成噪声污染有声源、声音传播途径与接收者等要素。控制噪声污染主要从降低声源噪声和在传播途径上控制噪声两方面入手。万国城Moma的噪声防治主要是通过传播途径控制噪声。

8.3.1 室外声环境

万国城Moma位于东直门交通枢纽附近,从早7点到晚8点这段时间噪声都在70dB(A)以上。完全避免这种噪声是不可能的,当代置业采用了多种降噪措施,最大限度地降低交通噪声的干扰。

根据相关资料,10m宽的松树林能减少噪声3dB,10m宽的草坪能减少噪声0.7dB,达到40m宽时能减少10~15dB。万国城Moma紧临的二环路上有80m绿化隔离带,大大降低了噪声的威胁。

万国城Moma的小区内广种草木,不遗余力地改善室外声环境。万国城Moma绿化率为36.0%,共计

4.37hm²。开发商还在小区景观水池底部覆土以便在水面种植荷花、芦苇等水生植物,力争绿化率达到70%。万国城Moma设计种植的树种适合在北京生长,易于存活。树种品种多,有较好的降低污染和降噪、防尘作用。

万国城Moma小区已经和即将种植乔木24种、灌木12种,如雪松、欧洲雪松、白皮松、侧柏、桧柏、百日红、桐树、槐树、马褂木、栾树、樱花、玉兰、安息香、合欢、迎春花、丁香、竹、麦冬、大叶女贞、富贵草、攀援月季、紫藤、紫花菜等。

万国城Moma还考虑了垂直绿化。在车道的入口、会所及人防的出口、人行路的两侧、通气口搭建架子,种植藤本植物,实现垂直绿化。这些植物对降低噪声有很大的帮助(图8-4)。

此外,万国城Moma小区还巧妙地设计了多层叠水、小型雾泉等水景,在美化的同时有利于消除噪声。万国城Moma的外墙采用重质混凝土剪力墙结构体系,可以有效地达到隔声作用。小区内实行人车分流,所有的汽车在小区入口处全部进入地下车库,极大地减少了车辆对业主的噪声干扰。

8.3.2 室内声环境

在营造室内声环境方面,万国城Moma也做得非常出色。

万国城Moma住宅的户门选用特殊设计的三企口双密封门。经检测,其空气声计权隔声量$R_w=29dB$,隔声性能等级为5级。为了降低交通噪声对临近道路住户的影响,万国城Moma住宅外窗采用意大利阿鲁特公司铝

合金断桥窗，玻璃为内外钢化中空镀膜玻璃，以硅胶镶嵌，橡胶密封条密封，经测试，该窗空气声的计权隔声量R_w=33dB，隔声性能等级为4级。在开窗的条件下，规划中京顺路和香河园路会对两侧的住宅造成影响，但满足国家《城市区域环境噪声标准》GB3096—93中的交通干线道路两侧的环境噪声标准。

万国城Moma的楼板为现浇钢筋混凝土楼板，厚度为160mm，并铺设隔声架空龙骨地板，能有效隔绝楼

图8-4 植被环绕的万国城

层间噪声的传递。万国城Moma采用瑞士乔治·菲舍尔隐蔽水箱及同层后排水技术,能有效消除水流撞击管壁声及对下层住户的噪声。

万国城Moma在建筑布局上,将卧室与有可能产生噪声的电梯井、管道井隔开,设备、管线暗装入墙,加厚分户墙,给排水支管水平安装,免穿楼板以消除孔洞传声。

对室内装饰装修的精雕细琢也是万国城Moma塑造良好室内声环境的重要途径。

声波的反射、折射有些类似于光:打在光滑的平面上(如瓷砖),反射后的能量就较集中,方向性也强;打在粗糙的平面上,就会形成漫射,对人的影响就小多了。万国城Moma考虑到了这一点,注意选用装饰材料,精心处理墙壁表面,化解了阵阵声波。

万国城Moma采用上述降低噪声的室内外声环境营造手段和机电设备选型与安装全程噪声控制治理,使万国城Moma不仅达到、而且超过室内声环境国家标准的要求(图8-5)。

图8-5 安静的环境

9 境

9.1 情、景、影

9.1.1 情

万国城Moma是晚期现代主义建筑的典范。在操作形式与追求目标上，万国城Moma采用了当代最新的建筑科学技术，即"新四化"——多样化、分散化、人性化、个性化。它的技术要求可以归结为简单的一句话，即高技术创造高情感。

人类生命活动所需的绝大部分能量来自于食物，而用餐时的情绪又能直接影响人体对营养的吸收。正是因为如此，用餐时的环境变得尤为重要。餐厅，是亲情交流、全家人共享美好时光的地方，是重要的家庭聚会场所。用餐时，全家人一起分享的，除了食物，还有亲情。

国人喜欢大面窗。但大而横向的窗，会将整个建筑视觉高度压低。常用的横向大面窗除了将整个建筑视觉高度压低之外，更会令靠在边上的人潜意识感到恐惧。出于人性细微之处的观察和关怀，万国城Moma 5.5m面宽客厅采用长条落地窗，满足人对安全感的渴求。在客厅每天和阳光约会，天光云影，飞鸟的痕迹，四季的自然风情在这里天天上演……富于变化的长窗设计，给人们留下了无穷的变化与乐趣。

9.1.2 景

作为现代主义建筑之后的另一思想派别，晚期现代主义在技术观念上与后现代主义恰恰相反并形成对比，

交相辉映。也就是说，晚期现代主义面对现代主义人性缺乏的失败，它非但不认为这是现代主义强调技术理性的失败，反而认为现代主义建筑失败在对技术的作用发挥尚不充分上。因此，晚期现代主义把现代主义的技术理性创作理论推向极端。它借助当代最新高科技手段，提倡技术美学与惟生产力论，用极端逻辑性和高度分析的方法，追求新颖、复杂、干净、光亮、奇异、纤细、精致等独特的审美效果。因此，在审美观念上，可以认为晚期现代主义建筑全面突破了现代主义建筑，而这种全面突破恰恰是建立在一种共同的基础——技术发展之上的。所不同的是，现代主义建筑技术运用代表了20世纪20~50年代的技术水平，而晚期现代主义的技术运用则代表了60年代至今的技术水平。如果将现代主义建筑比做第一次工业革命时产生的僵硬、冷漠、极度功能化等蒸汽机床的话，晚期现代主义建筑则好比现代信息技术革命产生的一块精致、合理、美观、新颖的集成电路板。技术的不同带来了全面的美感效果的差异。

万国城Moma秉承了晚期现代主义建筑思想，采取了"少即是多，简即是美"的室内设计风格（图9-1），考虑功能需求的同时，对视觉效果高度重视，极简而丰富，低调而奢华。一个简单的应用是单开门户的新主张。一般而言，250多 m² 的房子采用的至少应该是1.3m的子母门，甚至最好是1.5~1.8m的双开门。但万国城Moma的建筑师坚决不同意这种方案，在设计过程中坚持了空间收放的概念。当一般的大户型以子母

图 9-1 意境的营造

门、双开门炫耀面积时，万国城Moma采用1m的单开门户。这样，5.5m超大面宽客厅经过进门时的视觉压缩显得更加宽阔，每一个第一次参观万国城Moma房子的人都必将以艳羡的眼光欣赏大尺度的奢华。这种空间收放的概念，来自中国园林的启示，效果如同透过颐和园长廊镂空的雕花窗看昆明湖，会觉得清澈的湖面格外大，因为有了比较，所以强化了空间的感觉。

9.1.3 影

人们在看完窗外景观后很自然就会转身背光而立，在阳光的影射中看到自己的身影。黑格尔说："绝对的光明等于黑暗。"必须有黑暗的存在，光才成其为光。是黑暗点燃了光的闪亮，表现光的力量。随着现代科技的发展，城市中"亮化工程"、"灯光工程"越来越多，全反光的玻璃幕墙大厦到处林立，我们的周围到处都充满了或均质或耀眼的光辉。但却如安藤忠雄所说："光却并没有因为建筑的解放而升华，其活力反而散落了，丢失了。"现代建筑缔造了一个全光明的世界，可以没有黑暗没有变化，结果，像底片跑光一样，黑暗消失以后，空间也死去了。万国城Moma光影的变化（图9-2）令室

图 9-2 光影的变化

图9-3 私家专属电梯

内产生景深的感觉和潜意识的空间,通过光线在深邃的室内渐行渐近,逐渐产生层次效果,逐渐向室内暗去,至通道的光线将是最暗。这像是一个电影场景,也像是摄影爱好者知道的景深在摄影中的视觉效果可以让距离拉长产生扩大空间的感觉。

通过光影的变化,建筑空间充满文学性与戏剧性,建筑的质感、空间的丰富性得以充分地体现。

9.2 私家专属电梯

人们在21世纪里将进入"细节时代"。在"细节时代"里,人们对产品需求已不是单纯量的需要,而是更多对质的要求,人们更加注重生活细节,生活由"粗放"变得"精细"。不经意间,隐藏在建筑背后的电梯,以前只是单纯的代步工具,已经悄然进入了"细节时代",而私家专属电梯就是这一细节的生动体现。

私家专属电梯除具备普通电梯的安全、服务等基本功能外,其不同在于设计更加以人为本。私家电梯,采用一户一梯,每位用户都有电梯智能卡,也就意味着都有自己的私家电梯。

万国城Moma直接应用了现代私家专属电梯理念(图9-3)。万国城Moma电梯采用了"以人为本"设计的电梯控制系统,它应用了航空航天领域的遥感技术,避免直接接触,实现遥控叫车,感应式专属楼层遥控磁卡能将业主送达指定楼层。

在万国城Moma中,一梯一户的设计、独创的私家电梯厅和业主智能识别系统,使业主享受极大私密性,尽显豪宅尊荣。

9.3 国际社区

为了让万国城Moma成为真正具有历史价值的建筑,为客户提供真正舒适、健康、微能耗的住宅,同时能感受到它的气势与国际风格,当代置业把万国城Moma当作艺术品来塑造,整个社区的设计、开发、配套都是按国际一流的标准来配置(图9-4)。

9.3.1 国际化的设计团队

万国城Moma的设计团队几乎集中了美国、德国、奥地利、瑞士等国际最顶尖的设计大师,特别是奥地利建筑大师艾柏利和瑞士建筑物理专家凯乐教授,在万国城Moma的规划设计中发挥了重要作用。

万国城Moma从规划到建筑平、立面设计,到建材

图9-4 浮在水中的电影院

的使用及新系统的运用，都是以国际化的视野，从人居舒适度出发，形成人性建筑同高科技系统的完美结合，体现出晚期现代主义的风格和对人性的把握及家庭成员实际生活需要的关怀。

基于传统邻里格局困惑的深度思索而提出的现代空间组织手法和都市居住社区的城市再造理论贯穿于整个万国城Moma设计之中。传统的邻里格局通常是以道路或街道为界形成的棋盘式格局。这种格局的优点是开放、和谐，但私密性以及安全性较差。随着社会的发展，人们对私密性以及安全保护的要求日益强烈。于是出现了口袋城市，城市空间被分割成一个个所谓的社区，这种结构的优点是社区内环境安静，能满足人们的私密性要求，但同时也造成了很多问题，产生了所谓的城市病。原来几十米的路程就可到达目的地，现在由于受社区的阻拦，不得不绕一大圈多走几百米甚至几千米；原来邻里关系友好，一家有事，八方支援，古人称之"远亲不如近邻"，现在则对门不认识，老死不往来，人情冷漠，建筑成为友情的阻碍，建筑似乎仅是钢筋水泥而已。图9-5为邻里格局关系图。

如何解决这个问题呢？经过对传统邻里格局的深度思索，参考国际的一些成功经验，设计团队提出了全新的现代空间组织手法和都市城市再造理论，建立起立体化的国际水平的空中城市格局。在这里，私密性、安全性与开放和谐的邻里格局完美统一。在这里，社区建设首先考虑城市的发展，社区溶入城市，成为城市不可分离的一部分。图9-6为空中城市格局。

9.3.2 国际化的景观设计

景观由国际著名造景艺术师、日本株式会社TAM地域环境研究所董事长秋山宽大师设计。秋山宽先生所领导的日本株式会社TAM地域环境研究所是日本园林设计业顶级机构，曾包揽日本造园学会奖、日本造园顾问奖、日本庭园设计协会奖，其主持规划的东京迪斯尼乐园、北陆新干线佐久站前广场及周边园艺、中央市政府筑地川公园等重要建筑场所设计深受业界好评。他丰富的设计理念，对东西方园林艺术的谙熟以及曾主持规划世界性项目的宝贵经验，是万国城Moma建筑园林规划达到国际化水平的有力保证。

色彩和光线的巧妙运用是万国城Moma景观设计的最主要特色之一。每一块连廊下面都配有不同的色彩胶片，倒映着柔和的灯光，构造出七彩的世界。组团中间有一大型水景造型，池底有一些大小不同，看似随意分布的透明圆圈，这些透明圆圈白天是地下车库"天窗"，到了晚上，地下车库的灯光从这些圆圈透射出来，自然而柔和，塑造一个梦幻般的迷人世界。再加上投射到造型壁上的精品电影，让人流连忘返（图9-7，图9-8）。

9.3.3 国际化配套

万国城Moma配套也按国际化标准建设。社区的电影院和酒店引进美国技术，万国城Moma会所由世界知名的台湾亚历山大管理集团经营管理，该集团经营管理的俱乐部在2000年和2001年获全亚洲最佳俱乐部奖。

房地产界流传一句话——十所九空，道出了会所建设的困惑。会所作为高端社区的配套进入中国以来，受到房地产界的不正常追捧。近两年，社区不管大小，定位不管高低都建有会所，然而，由于缺乏合理的经营机制，缺乏相应的市场环境，大部分会所往往由于无法市场化运作而最终成为摆设。名义上为业主提供方便的会所结果实际上反而损伤了业主的利益。

万国城Moma在项目规划上充分考虑到这一点，通过对现代城市空间的再造，完美地解决了这个问题。在万国城Moma，酒店、影院是社区的配套，会所是酒店、影院的配套，通过特色精品酒店、影院的市场化运作，带动会所的运营，使会所的正常服务成为可能，从而走出十所九空的怪圈。

9.3.4 国际化的客户群体

据统计，万国城Moma住户中有40%是国际成功人士。居住万国城Moma不仅是身份的象征，更是国际化品味的象征。

Neighborhood 邻里格局

City of Dense Streets and Courtyards
密布街道和院落的城市

Traditional Neighborhoods
传统的邻里格局

City of Pockets Caused by New Residential Development and Uncoordinated privitalization
口袋城市：由各自为改的私有化和新住宅开发造成

Alternative
其他选择

Alternative
其他选择

Alternative
其他选择

?

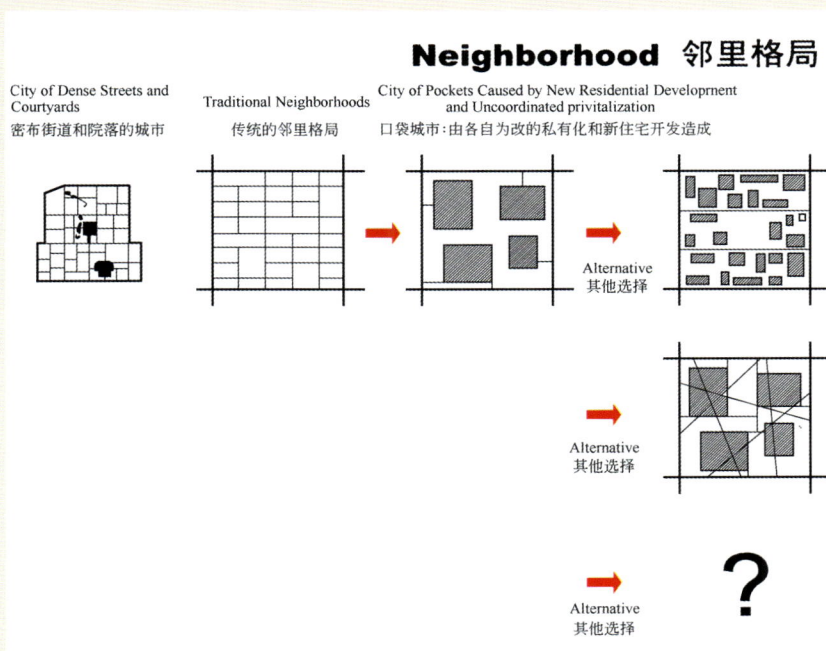

图 9-5 邻里格局关系图

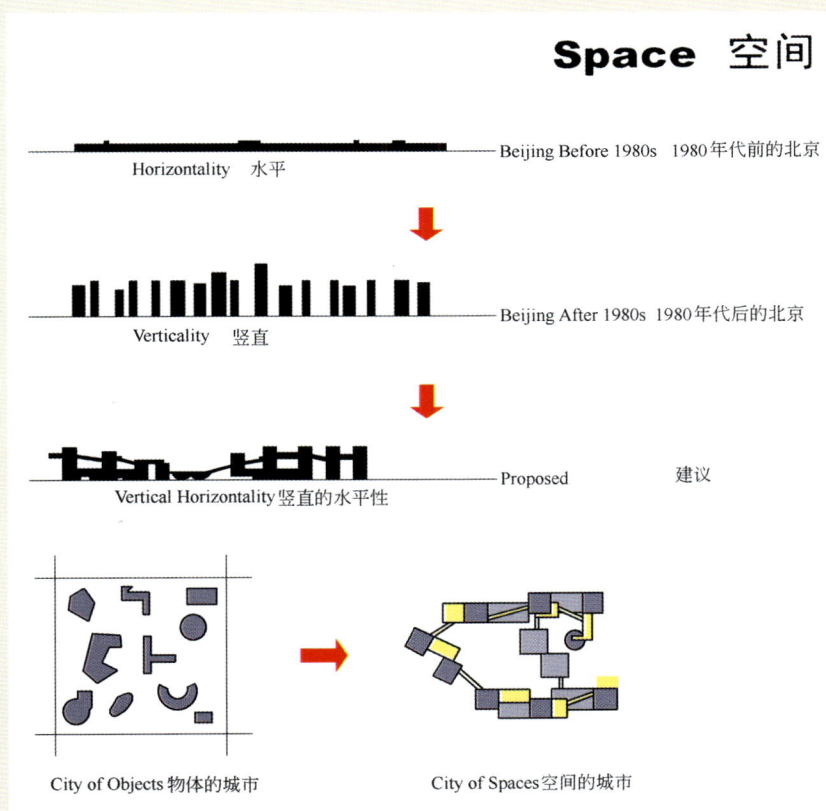

Space 空间

Horizontality 水平 ——— Beijing Before 1980s 1980年代前的北京

Verticality 竖直 ——— Beijing After 1980s 1980年代后的北京

Vertical Horizontality 竖直的水平性 ——— Proposed　　　　建议

City of Objects 物体的城市　　　　City of Spaces 空间的城市

图 9-6 空中城市格局

图 9-7 电影院与水中倒影

图 9-8 夜色中的电影院

实践Moma

万国城Moma创下了中国住宅产品的许多个第一：

紫铜窗框将使万国城Moma成为北京第一个会变颜色的建筑；

设计师根据阳光行走的角度设计落地长窗，

让光影在室内随着早、中、晚的变化而留下不同的面貌；

平层户型设计充分借鉴了中国传统的四合院格局，

户户南北通透，家庭成员在共享空间中互不干扰；

恒温恒湿，良好的隔声以及其他一些新技术都申请了专利……

10 万国城Moma

Moma这个产品，从环境到功能，从功能到形式，从形式到空间，从空间到文化，从文化到技术和哲学，我们都运用科技主题地产与国际文化主题相结合的方法，把一个建筑作品，从光、影、情、境、景等方面实现了巨大的突破。

——当代集团总裁 张雷

10.1 Moma／POP Moma

对恒湿恒温新建筑的当代万国城Moma，很多参观过样板间的业内人士都给予了很高的评价。SOHO中国董事长兼联席总裁潘石屹认为，"万国城Moma给北京房地产带来了一股清风，万国城Moma是住宅建筑真正的精品，是经得起时代与历史考验的建筑艺术作品。"连向来挑剔的华远地产董事长兼总经理任志强也认为万国城Moma为科技地产的优秀作品。万国城Moma创下了中国住宅产品的许多个第一：紫铜窗框将使Moma成为北京第一个会变颜色的建筑；设计师根据阳光行走的角度设计落地长窗，让光影在室内随着早、中、晚的变化而留下不同的面貌；平层大户型借鉴了四合院的设计，户户南北通透，家庭成员在共享空间中互不干扰。

10.1.1 万国城Moma综合概况

万国城Moma是当代置业力邀奥地利著名建筑师迪特玛·艾柏利教授主笔建筑设计，瑞士著名建筑物理学家布鲁诺·凯乐教授主持机电工程的新一代科技地产项目。在万国城Moma项目中综合运用世界先进建筑技术，从规划之初就将建筑艺术与先进科技完美结合，最终实现最好的建筑品质和最舒适的居住状态。万国城Moma是一个高度以人为本、一切从人的需求出发、系统运用室内环境工程观念的新住宅建筑。

万国城Moma项目位于北京市东城区东直门香河园路1号，占地约24hm²，总建筑面积约66万m²。项目集中了顶棚柔和辐射冷暖系统、全置换式新风系统、可调式外遮阳系统、中央吸尘系统等建筑科技最新技术（图10-1～图10-4）。

10.1.2 项目特点

万国城Moma规划设计注意不破坏周围的自然环境，注重在小区内部营造绿色环境，在有限的条件下实现了与周围环境的"有机的共生关系"。

(1)万国城Moma的设计理念体现了对地域文化的尊

图10-1 万国城Moma位置图

图 10-2 万国城Moma效果图

图 10-3 万国城Moma规划图

图 10-4 万国城Moma夜景效果图

图10-5 万国城Moma沿街效果图

重和对建筑艺术的追求,继承和发展了现代主义建筑思想,是建筑功能与建筑美学的完美结合。建筑外观简洁明快,外墙以黑、白两色布纹彩釉钢化玻璃与纯铜板装饰相结合,沉静、质朴、优雅而高贵;内饰以简约风格基调配以精细的施工工艺和高品质的厨、卫、浴器具用品,代表了现代都市社会的审美主流之一(图10-5)。

(2)精心巧妙的平面设计实现了合理的户型布局,统一的门窗模数,很小的建筑体形系数三者的统一,为建筑节能创造了很好的条件。与同体量的相邻万国城2号楼比较,万国城Moma的外墙面积减少近30%,外窗面积减少近40%,但仍保持了充足的采光日照要求。加上高标准的围护结构设计,使得建筑能耗只及现代普通

建筑的1/3(图10-6)。

(3)竖向窄长窗与内墙平齐,给高层建筑的居住者以心理上的安全、舒适、放松的感受。加上金属外遮阳卷帘,能够大幅度减少夏季空调负荷,还能起到保温、调节光照、隔声等作用;同时住户随意开启或放下的外遮阳帘,也构成了变化无穷的建筑立面。

(4)万国城Moma采用了混凝土楼板柔和辐射冷暖系统,室内温度均匀稳定,系统运行无任何噪声。由于大体积混凝土的蓄热作用和很小的采暖/制冷温差,使整个系统具有很强的耐冲击负荷和自动调节能力。

(5)除此之外,万国城Moma还设计了一套独立的全置换式新风系统,使用大型专业新风机组将室外新鲜空

图10-6 万国城Moma平面图

气经过滤除尘、清毒、加热/降温、加湿/除湿等处理过程,以低速地面送风的方式送到每一个房间,相对污浊的废气经卫生间、厨房的排气系统有组织的排出室外。为进一步降低能耗,新风系统设计了热回收装置,

卫生间的排风经过与新风交换显热后再排放。在冬季,室内外20℃温差的情况下,此项措施可使新风系统回收约60%的能量。

(6)万国城Moma的其他设备系统也都经过精心设计,许多人们平时不太注意的细节,建筑师都很重视;如楼板、隔墙、孔洞的隔声处理,坐便器后排水系统的采用、多点联控电源开关插座的人性化设计,卫生间的布局,厨房的操作动线等等。

10.1.3 配套简介

(1)万国城Moma充分满足居住人群的交往活动空间(图10-7),设计了不同层次的空间类型,有室外的景

图10-7 万国城Moma小区环境

观空间、运动空间，有室内的社区会所、大堂空间等。

(2)万国城**Moma**在设计中针对整体风格，又考虑了不同的材料、色彩的合理搭配与协调，更有丰富的自然树木营造出多彩的世界。

(3)万国城**Moma**用地属于早已开发的城市中心地段，与外界交通方便，有足够的公共交通设施。地下停车位按1.5辆／户考虑，高于北京市相关标准。内部交通组织合理，人车干扰少。公共设施和住宅的布局合理，会所、底商以及地下停车库的布局考虑与住宅的密切联系，减少步行距离。

(4)万国城**Moma**内部实行人车分流，设置了专用的无障碍步行道。

(5)万国城**Moma**健身体系措施——游泳池、健身房、休闲保健、餐饮娱乐，由世界知名的亚历山大管理集团经营管理的高档会所。

(6)万国城**Moma**公共卫生体系——设置社区医疗站、保健服务等公共卫生设施。

(7)万国城**Moma**文化养育体系——联系教育机构协助入托、入学；开展儿童、中老年兴趣活动小组；联合居委会组建社区活动站；园区安装健身器材，设置儿童活动场所。

10.1.4 第六代建筑

近20年来，我国的住宅发展大体经历了六个阶段，或者说产生了六代住宅。

第一代：经济节约型

第一代出现于20世纪80年代初期，以一梯8户的井字塔楼或每层3～4户的多层住宅为典型代表，以二居、三居为主，每户面积约60～70m²，仅有厨房、厕所等基本设施，布局紧凑，小厅大卧室，并尽可能降低公用面积，小区在满足基本使用功能的前提下，追求建造数量及高容积率。

第二代：适用经济型

这一代无论高层还是多层，在经济节约型的基础上，开始调整居室布局，关注景观，避免干扰，适当增大户型面积，注意小区总体规划，保持了住宅所必须的居住与休息的基本功能，少量增加公用设施。

第三代：发展转变型

这一代产生了既具多层的经济造价，接近绿地，又具高层设有电梯、拥有景观的小高层住宅。小区大多建立集中绿地和相应的庭院设施，注意到了空间的完整性和公用设施的齐全性，为适应市场及改善居住条件，尽可能地改善采光及通风。平均户型面积增加至80～110m²左右。多层以一梯两到三户代替了一梯多户。这一代是由经济节约型向舒适型过渡的转变型。

第四代：景观舒适型

第四代的主要特征是改善和提高消费者的舒适度，高层塔楼每层户数由8户减至4～6户，并根据朝向和景观分别设置大小不同的户型，户型平均面积增大。大户型厨房面积加大，卫生间数量增加，并设置了贮藏室及工人房；小高层有更大变化与发展，顶层、底层增设复式户型；多层大多变为一梯两户的大户型，部分楼房还增加了电梯。小区在基本服务设施基础上，新增了会所、健身中心、大型停车场等更多的配套设施。绿化面积增大，一般都设置颇具特点的中心公共庭院，注重和强调景观设计。增加智能化的通讯、视听及物业管理体系。

第五代：生态文化型

第五代住宅的主要特征是强调以人为本，依据消费者动态需求，创造出舒适的人居环境。第五代住宅总体规划注重利用自然、地理、文化、交通、社会等大环境资源，并使小区与城市空间、用地环境有良好的协调；在小区整体布局上注重阳光、空气、绿地等生态环境；在户型设计上讲究以多元化的户型适应个性化的住房需求；生活配套设施体系更趋完善，有超市、菜场、医疗、保健、美容美发等生活配套设施，还有会所、学校、书店、网吧等文体、教育配套设施；尽可能利用环保、节能手段，减少噪声、尘埃、污水等对环境的污染，净化居住环境。

第六代：科技与艺术完美结合型

第六代产品是在第五代产品的基础上进一步发展起来的，它的典型特征是符合可持续发展理念，高舒适度、微能耗，强调建筑的艺术性和人文内涵，寻求建筑科技性和建筑艺术性的完美结合。

第六代产品尚处于发展过程中，从目前看，它具备以下一些突出特征：

（1）符合循环经济要求，具备可持续发展特点。通过因地制宜的建筑规划设计，使用绿色建材，积极采用新能源，优化能源系统，达到与自然环境的和谐共存。

（2）具备明显的科技建筑特点。采用先进的建筑物理技术手段营造出良好的热环境、光环境和声环境，引入智能化住宅设备创造安全、便捷的居住生活环境。

（3）体现对健康的极大关注。比如通过采用隔声、吸尘、空气净化、水质净化等措施，保证居住健康。

（4）尊重文化和艺术。从规划格局到建筑形体，从园林景观到立面造型，从平面设计到装饰装修，都体现出第六代住宅建筑本身的艺术性，体现出建筑对文化、对传统、对艺术的尊重。

（5）国际化特征。第六代住宅起步发展的时期正是我国加快国际化进程的历史阶段，区别于以前的建筑，第六代住宅更多地采用了国际化的建筑设计、国际化的会所经营和国际化的物业管理等，充分体现了国际化的特点。

万国城Moma作为第六代产品的代表之一，在建筑科技领域的热环境、光环境、声环境、节能系统等方面拥有十大核心技术，它们分别是：恒温顶棚柔和辐射冷暖系统、恒湿型全置换新风系统、外墙优化系统、外遮阳及窗优化系统、屋面优化系统、厨房及排水优化系统、防噪声优化系统、中央除尘优化系统、智能化电梯系统、水处理优化系统。

万国城Moma在建筑科技领先的同时，注重情、境、景、影等艺术氛围的营造，如会呼吸的墙壁、会变颜色的窗框、会发彩光的空中连廊、空中阳光游池、中国元素的织锦墙面、漂浮多幕影院等，实现了建筑与人、与城市、与环境的对话。

10.2 DANCE Moma

10.2.1 设计理念突破

北京的大部分建筑都是"物体建筑"和独立的高楼，以此相适应逐渐形成混乱的城市空间和冷漠的邻里关系。

万国城北区即将开工建设的DANCE Moma（图10-8～图10-15）试图从项目规划和设计角度找到突破点，

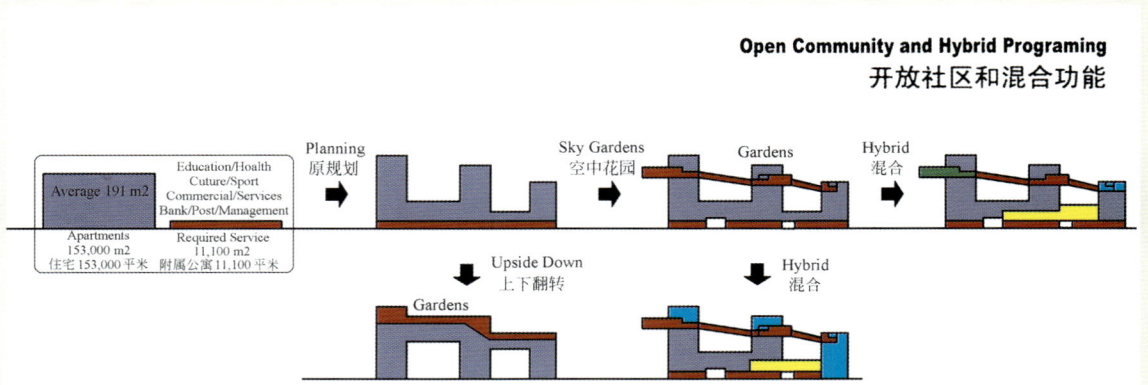

Open Community and Hybrid Programing
开放社区和混合功能

图 10-80 开放社区和混合功能

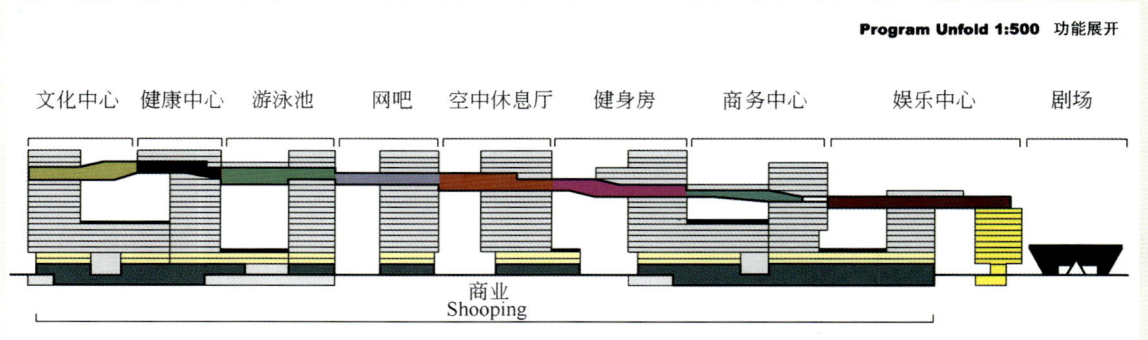

Program Unfold 1:500 功能展开

| 文化中心 | 健康中心 | 游泳池 | 网吧 | 空中休息厅 | 健身房 | 商务中心 | 娱乐中心 | 剧场 |

商业
Shooping

图 10-9 Dance Moma辅助设施
图 10-10 Dance Moma模型

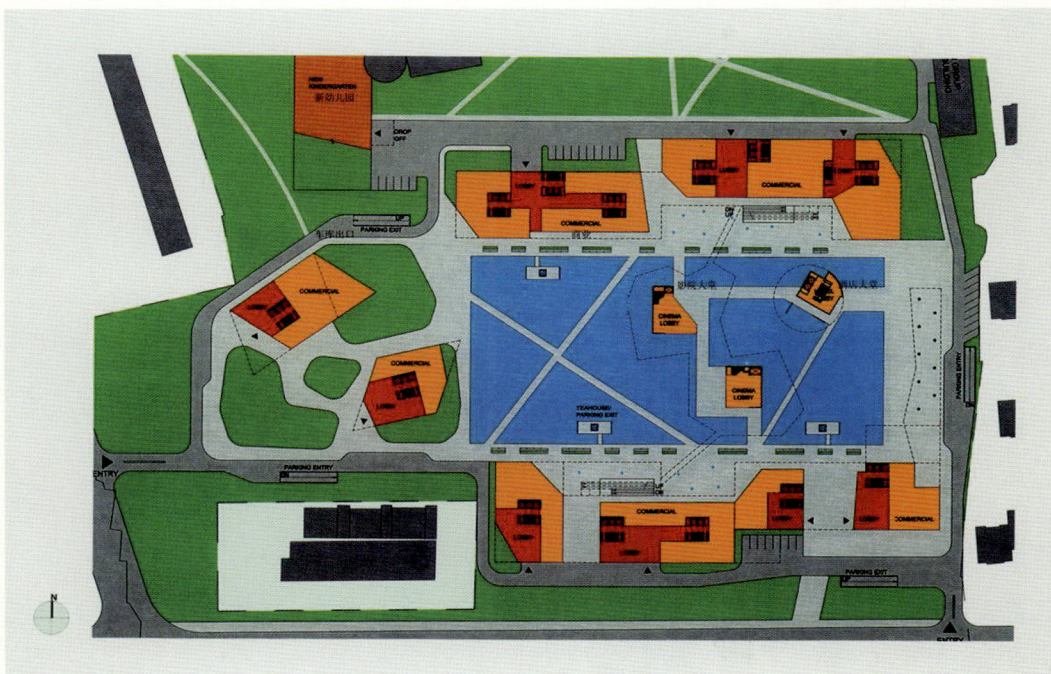

图10-11 首层平面图

图10-12 空中会所平面图

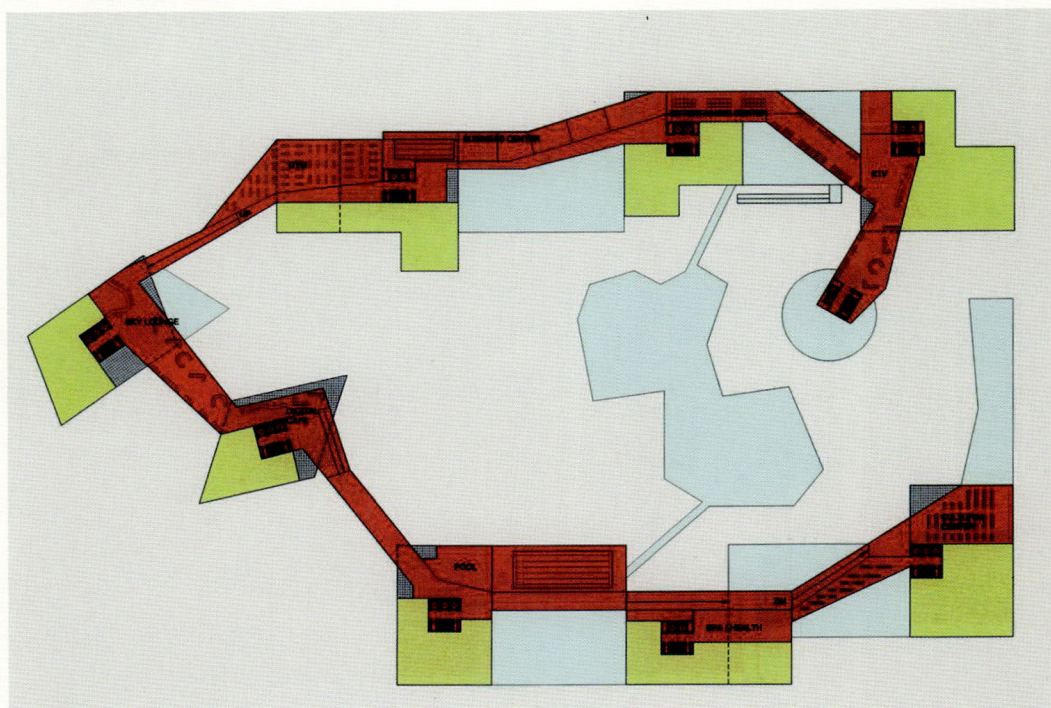

图 10—13 DANCE Moma酒店

图 10—14 DANCE Moma电影院

以穿越"城市"为主要目标,运用最新的建筑理念和技术,对可以服务超过3500人的日常生活的所有活动和功能进行策划。

10.2.2 城市再造

万国城DANCE **Moma** 通过巧妙的设计,实现了城市再造的目标。

环状的咖啡厅和服务空间在高层将八栋塔楼连接在一起,包括咖啡厅、游泳馆、小卖部、洗衣店、花店等。

设计者把焦点放在穿越空间的体验上,这些大楼的组织已经将动作、时机和序列整合考虑,视点会随着缓坡、转弯而改变。电梯的转换,犹如电影里"切换",从一个楼层到另一个更高楼层的通道,平移过一些令人愉悦的周边景色。

10.2.3 创意之源

法国绘画大师马蒂斯(Matisse)名作舞蹈(Dance),现收藏于MoMA(纽约当代艺术博物馆),是镇馆之宝。

DANCE **Moma** 发展概念 CITY CROWN AND FLOAT—ING CINEMAS ——DANCE。

环绕、越过和贯穿多面的空间层次,是这个建筑的主要特征,它拥有700户公寓并邻接北京旧城墙。当代置业希望这个16万m²的项目可以成为21世纪都市的一种超现代主义建筑的表现。

联接8座塔楼的空中连廊环形盘绕,如同中国传说中的龙。

10.2.4 酒店、影院、会所

在万国城DANCE **Moma**,酒店、影院是社区的配套,

图10-15 公共空间剖面图

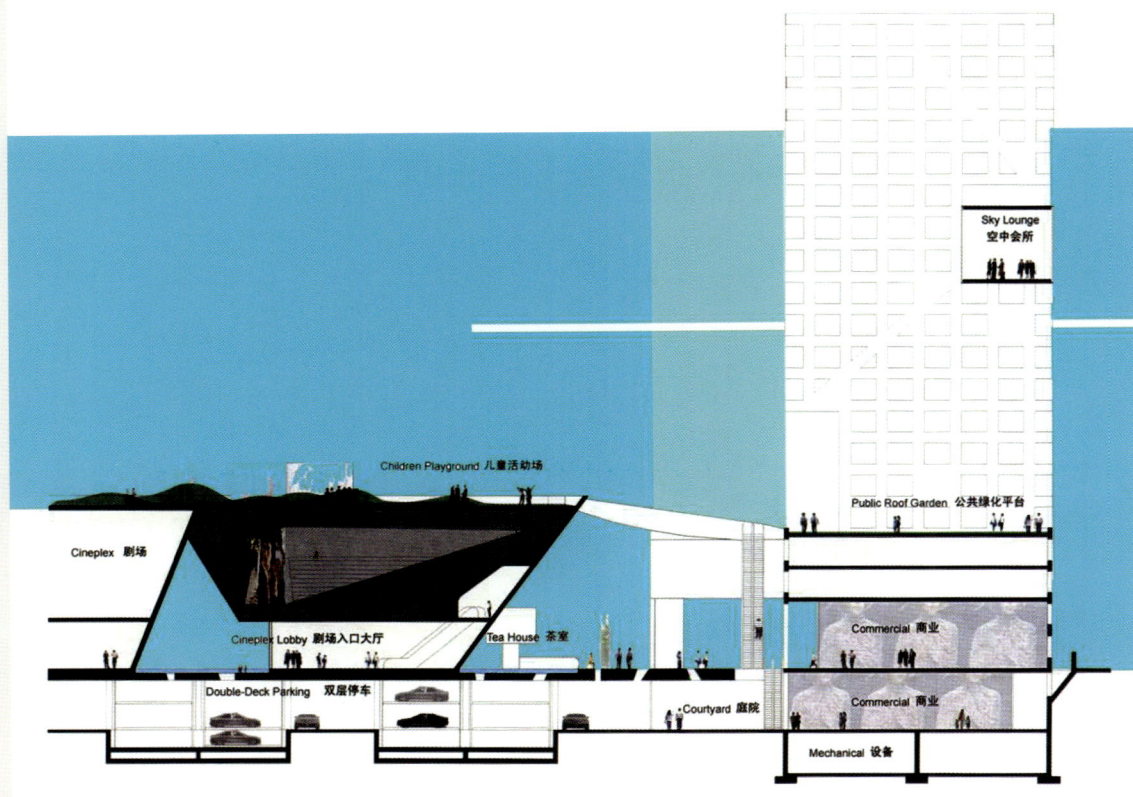

图 10-16 空中会所效果图

图 10-17 空中会所效果图

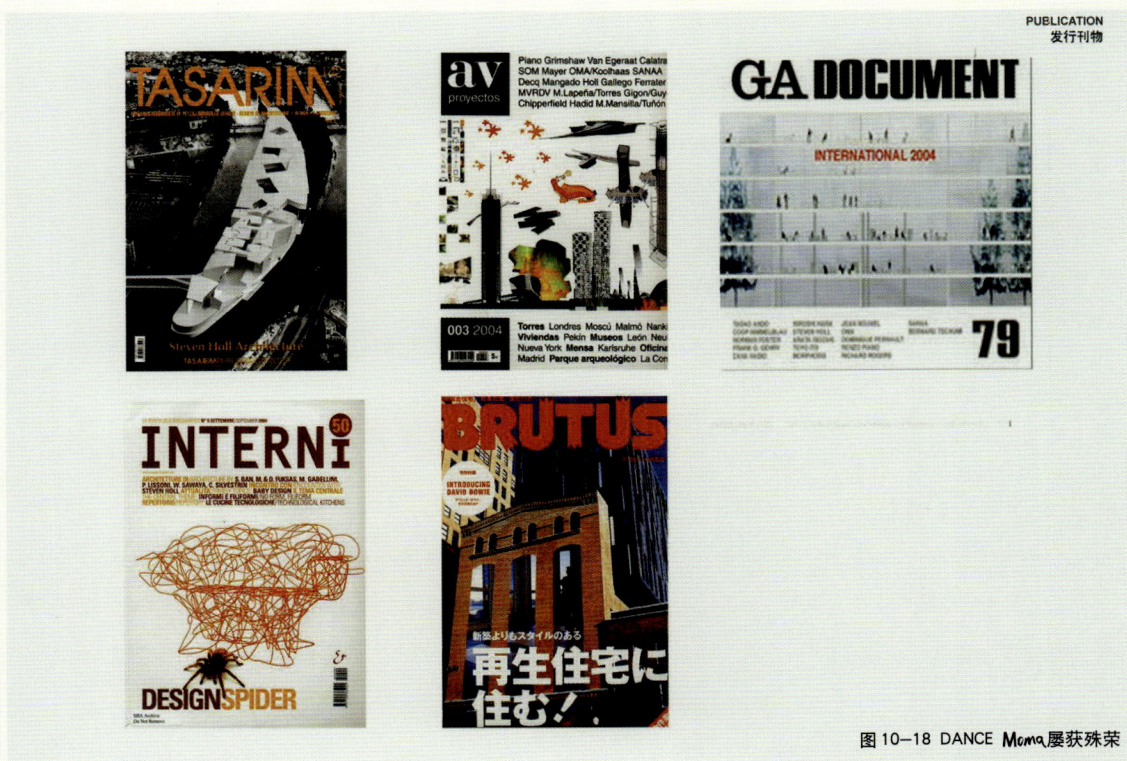

图 10–18 DANCE Moma屡获殊荣

会所是酒店、影院的配套（图 10–16，图 10–17）。

10.2.5 色彩空间

悬臂部分的底部是在夜晚发光的彩色薄膜。这些彩色薄膜取自于中国传统色彩元素。朦胧的喷泉与夜晚水池里的灯光点起彩云，中心漂浮多幕影院正在它的斜面上投放电影片断，同时水面浮现这些倒影。

10.2.6 屡获殊荣

DANCE Moma项目尚未正式开工已经在国际各类杂志、展览、方案评比屡获殊荣（图 10–18）。

10.3 Moma示范村

现实中一块重石举过头并不容易，梦幻中我们随意移山换水，一口气创造整个完美城市……

——艾柏利

随着Moma产业化的推进，当代置业正在着手打造Moma示范村，下面是Moma示范村之一的概念设计方案。

10.3.1 设计思路：

结合人类既向往繁华城市生活又爱好大自然绿化环境的心理特征，小区为居民提供了周密的围护和开放的自由空间。

设计师利用合理的布局来分隔每个住宅的公共和私

人空间，满足各种要求。

小区整体设计从大到小，从最具公共空间逐渐过渡到最具隐私空间，如公共步行街过渡到公共庭院和小山公园，半公共内庭院过渡到每户大门，再进客餐厅等家庭公共地带，最后到最具隐私的卧室地带。

设计师用先进的技术，以文明、社会、生态环境为重点，通过合理高效的规划，创造出一个优美环境的小区和一群国际性标准的建筑，并以个别建筑体现整体发展观念(图10-19,图10-20)。

10.3.2 设计目标

创造了既体现生机勃勃的超现代的和动态的将来，又具有平静和谐的现代生活环境。

创造了优雅简洁和气氛亲切的公建、商业休闲和步行街道，鼓励小区居民彼此亲密接触。

创造了一个既具有北欧气息和国际标志，又带有中国风情的高尚社区。

创造了一个结合北京特质同时满足未来生活要求的时代化社区。

创造了一个结合古代文明和现代新科技的小区。

10.3.3 设计特色

1.富有韵律的建筑空间

不同层次的花园和散布式花园是社区居民的休闲集聚地。

2.变化统一的城市肌理

根据项目所处的具体地理环境,由设计师经过巧妙的构思设计出富有艺术特色的Moma产品。

10.4 建筑科技地产说

20世纪60年代，美籍意大利建筑师保罗·索勒瑞把生态学和建筑学结合起来，首次提出了"生态建筑"理念。大约10年后出现的石油危机使人类意识到，以牺牲生态环境为代价的文明难以为继,建筑产业必须改变耗用大量自然资源的发展模式。此后，太阳能、地热、风能、节能围护结构等新技术应运而生，节能建筑技术因此成为建筑业发展的先导。

到了20世纪80年代，节能建筑体系日趋完善，并在英、法、德、加拿大等发达国家广为应用，但建筑物密闭性提高后产生的室内环境问题逐渐显现。不少办公楼存在严重的病态建筑综合症,影响了楼内人员的身心健康和工作效率。以健康为中心的建筑环境研究因此成为发达国家的一个热点。1992年在巴西召开的联合国环境与发展大会提出"可持续发展"这一重要思想后，绿色建筑成为世界建筑发展的方向。

一些发达国家加快了绿色建筑的推广步伐。加拿大、日本、德国、法国相继展开大规模的住宅区改造工作。

日本明野村住宅建于1996年，它所考虑的课题是对地域和传统的关注，并对太阳能"烟囱"以及集热管系统进行了改进。屋顶表面积蓄的热能导入建筑内中空的管道，并设置了双层玻璃窗。屋顶设置16m^{2}太阳能电池，输出功率2kW。

日本煤气公司港北NT大楼采用顶壁一体的玻璃曲面空间设计，其玻璃"呼吸外壁"是一种复合了铝材遮阳板的隔热率高且透明的LOW-E玻璃，能充分利用自然光和导入自然通风，并能最大限度地减少环境的不良影响，即使在阴天中办公桌面自然采光照度也能达到300lx。

图10-19 Moma示范村

图10-20 变化统一的城市肌理

日本大岛住宅屋顶和墙壁采用沥青木面板。由于北侧斜面只有屋顶受日照,此处屋顶铺设聚氯乙烯薄膜,屋脊是中空的通风道,热能储蓄在屋脊内,屋脊内的热能又被聚集到中央塔中,冬季通过塔内垂直通风使热能向一层地板下面移动,成为暖房,夏季把窗打开、放走热量。

巴伐利亚双户住宅,德国著名建筑师托马斯·赫尔佐格采用了一种由半透明隔热材料、蓄热墙、百叶相结合的隔热墙体系,以最大限度地利用太阳能。这样,冬季时墙面就成了面积很大的蓄热体,而夏季则可利用遮阳设施,将半透明热阻材料遮盖起来以避免阳光的直射。丹麦哥本哈根的斯科特帕肯住宅小区集中采用大面积的太阳能集热水器（平均每套住宅5.7m²）,能够满足秋冬季节住宅采暖和全年热水供应的60%以上。以4~5套住宅为单位的先进的室内通风系统统一进行换气,夜间热量补偿等调节,使热散失控制在20%以内。该住宅还采用了低辐射玻璃、高性能热交换器、新型节水器具和节电设备以及先进的EMS能控系统与热电联产和在建筑物内外设保温层等措施和技术。

下面介绍的是当前世界各地六个比较典型的生态建筑项目。

10.4.1 英国的"BedZED"生态村

这个位于伦敦东南部萨顿的生态村(图10-21,图10-22),实现了名为"零能耗"发展的计划,包括84个家庭、办公场所、商店、咖啡屋、健康中心和幼儿园。不需要使用燃料,能源自给自足。BedZED也因其出色的架构被英国皇家建筑师协会评为2000年伦敦居住城市展中可持续发展的示范项目。

图10-21 英国的"BedZED"生态村(一)

这里的建筑物所需的电力和热力供应都不再使用传统的能源，而是最大限度地使用太阳能。建筑物也不再向大气排放二氧化碳。采用的所有建筑材料均可循环使用。根据设计，房子户户朝南，门和窗都严格密封，墙壁中间添加了绝缘材料，厚达50cm，热量的流失因此大大减少，阳光透过拥有三层玻璃的窗户为室内加温，此外，风力驱动的通风系统中的热交换器还能从排出的气体中取回50%～70%的热量。

考虑到当地的气候条件，使用太阳能发电也不可靠，因此太阳能电池板仅仅被用来为生态村的电车提供电力。居民生活的用电实际上依赖于一个被称作"热、电组合发生器"的设备，它可以将废弃的木料转变成电

能以维持家用电器的运行，在这个过程中产生的热能则用来生产热水，除了可以用来洗澡之外，还可以为寒冷的房间提供热量。

为了节能，房间里使用的也都是最新的节能设备。由于使用的是节能灯，即使每一间房间都装了灯管，功率也只有120W。与普通的居民相比，BedZED生态村总能源的需求降低了60%，热能的需求降低了90%。而关键之处还在于，BedZED使用的多种节水、节能的方法不需要太高的技术，容易推广。

10.4.2 香港汇丰银行新楼

香港汇丰银行新楼整栋建筑悬挂在几榀桁架上，前

图 10-22 英国的"BedZED"生态村（二）

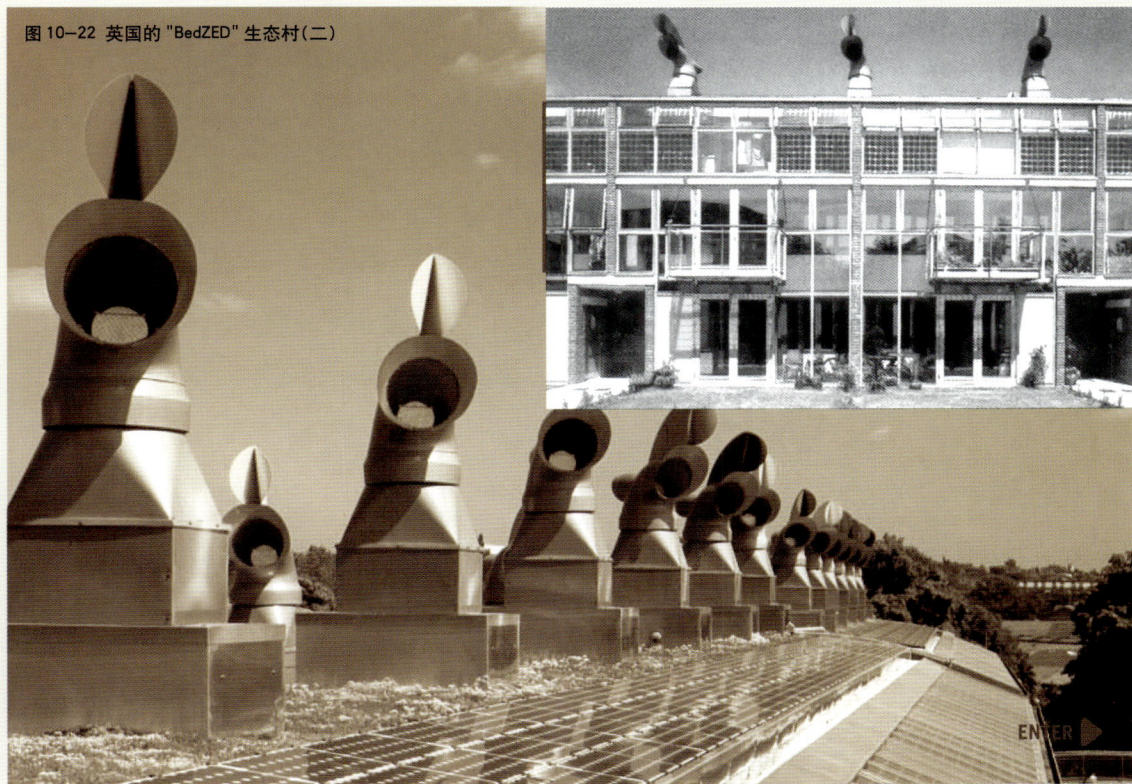

图10-23 香港汇丰银行

后共3跨，建筑在高度方向共分成5段，每段由两层高的桁架连接，成为楼层的悬挂点。这5个楼层由底部的每段8层到顶部为4层，依次递减。前后3跨也采用不同的高度，依次为38、35和41层，使这3跨的不同高度在侧面上形成了丰富变化的轮廓。在外形上，3跨桁架的结构主体及悬挂方式完全地显露于立面上，它们和每间的横向的遮阳设施一起仿佛构成了建筑外在的骨架关系，显示了作为金融机构的坚实力量和权力感。

香港汇丰银行新楼是使福斯特真正成为高技派中最引人注目的代表人物的关键作品（图10-23）。

10.4.3 英国馆

这是1992年西班牙塞维利亚博览会的英国馆，由格雷姆肖事务所设计（图10-24）。建筑占地面积2232.6m²。塞维利亚是欧洲最热的城市，夏季最高气温常常高达45℃，昼夜温差可达20℃以上。建筑用钢结构和玻璃外墙，配以恰当的技术处理来同时满足建筑艺术表达和适应环境需要。技术中最重要的一面是巨大的瀑布墙，水流从顶端的喷嘴喷出，沿抛光的钢板表面流到墙下的水池中。不但满足了建筑审美的要求，并且起到阻止阳光对室内温度的影响的作用。此外，水的流动和蒸发也可改善建筑周围的微气候。另一个重要的元素是风帆型遮阳板。他们分布在屋顶和立面上，可防止金属屋顶面板和墙面变得过热。更重要的是这些遮阳板上安装有光电转换元件，在太阳的照射下产生的电能用来驱动瀑布墙的水泵，可减少建筑的能耗。

10.4.4 德国汉诺威工业交流博览会26号展馆

德国汉诺威工业交流博览会26号展馆由Thomas

Herzog事务所设计。它的立面上基本用钢和镀膜玻璃构成，镀膜可透过太阳光但防止过热的热辐射进入室内。夏天，新鲜的空气从距离地板4m的玻璃管道吸入室内，吸收人群、机器设备的温度后变热上升，最后从屋顶的开口排出。

图10-24 英国馆

10.4.5 约克大学计算机学院

约克大学计算机学院位于加拿大多伦多（图10-25）。建筑元素包括一个种植有绿色植物的屋顶，这一屋顶以其土壤层作为热绝缘体，同时用作雨水的收集和回收。在温和的季节里通过可打开的窗户、中庭空间、屋顶上的热"烟囱"、风感器控制中庭顶部天窗的开闭，建筑所有空间可做到100%的自然通风。建筑外墙的热绝缘、声绝缘性能减少了建筑的干扰或被干扰。和普通建筑相比，计算机学院减少了约50%的能耗。

图10-25 约克大学计算机学院

10.4.6 伦敦市政厅

伦敦市政厅位于英国首都（图10-26），用地面积5.25hm^2。它的造型是一个变形的球体，这种变形不是随意得来，而是通过计算机计算来得到建筑暴露在阳光直射下的最小面积，来减少夏季太阳热的吸收和冬季内部热损失。它的供暖系统由计算机控制，通过传感器收集室内各关键点的温度等数据，然后协调供暖。建筑还采用了一系列主动和被动的遮光装置。建筑的冷却系统充分地利用温度较低的地下水，以降低能耗。

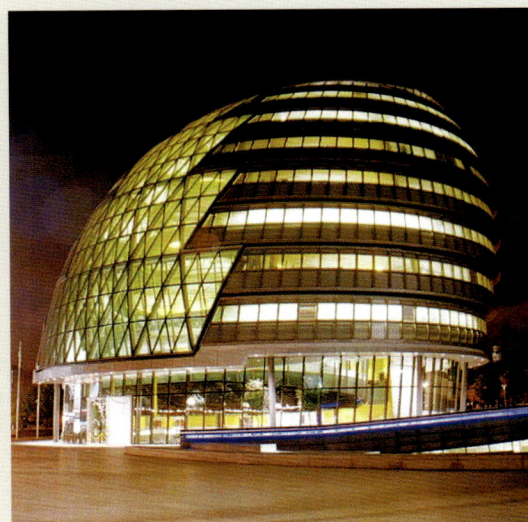

图10-26 伦敦市政厅

未来Moma

　　忽视未来的人，将冒着失去未来的危险。

　　作为中国房地产的一个重要企业——当代置业，我们这几年与世界潮流共同发展，可以说是与狼共舞。

　　在中国房地产发展过程当中，我们不是用过去来看现在，也不是用现在来看现在，而是用未来看现在，这是我们非常重要的信念。

11　从Moma到科技主题地产

回顾人类建筑发展历程,人们可以清楚地看到,科学技术的进步是建筑发展的基础。科技主题地产必将成为21世纪的主流地产形态。

当代置业作为国内科技主题地产的先锋企业,在推出科技主题地产的先锋项目——万国城Moma后,将继续以Moma技术为核心,不断丰富、提升与发展Moma技术,同时继续整合其他先进的地产科技技术,形成可持续发展与领先的科技主题地产核心优势,为中国的住宅产业化作出应有的贡献(图11-1,图11-2)。

11.1 Moma:科技主题地产先锋

建筑并不完全是艺术,这是人们皆知的事实。然而建筑算得上一种科学吗?当代置业的回答是肯定的。建筑作为一种科学应该从两方面解释。从历史上看,建筑是工程科学的尖兵;从现代的趋势看,建筑是一种空间的科学。

随着时代的发展,科学技术进步的速度可谓一日千里,高科技迅速渗透到社会的各个领域,为各行各业的发展注入了一股新鲜的血液。而建筑业,作为与人民生

图11-1 当代置业总经理韩凤国在科技主题地产发展战略发布会上演讲

图 11-2　当代置业副总经理王岩在科技主题地产发展战略发布会上演讲

活息息相关的行业，更是站在了科技革新的浪尖上。

回顾人类建筑发展的历程，人们可以清楚地看到，科学技术的进步是建筑发展的基础，正是在科技进步的基础上，人类才摆脱了自然条件下对生存的影响，逐渐成为环境的主人，并且创造出千姿百态的建筑和装饰艺术风格。

科技主题地产，作为一种全新的地产形态，已经正式登场。

当代置业为"科技主题地产"下的定义是：科技主题地产是在规划景观、建筑、装饰、材料设备、室内环境、物业管理等诸多环节上，具有科学理论、科学方法和科学技术支撑的地产。科技主题地产的实现手段是科技，而表现形式是符合现代人们生活需要的舒适的、安全的、微能耗的、可持续发展的理想住宅。

由此看来，当代置业推出的万国城Moma正是不折不扣的科技主题地产代表作之一。它拥有"Moma研发基地"的十大Moma核心技术，以及高舒适度、微能耗的完美特点。

地产科技化是地产发展的必然趋势，科技主题地产也必将成为21世纪最主流的地产形态。因为中国的房地产开发已经或者正在进入三个独立而紧密相关的时期：新实验（创新）主义时期、走可持续发展之路的新时期、科技的人文关怀时期。三个时期的出现，客观上呼唤着科技主题地产的诞生。

图11-3 POP Moma效果图

万国城**Moma**已被社会各界公认为是科技主题地产先锋(图11-3)。这个先锋的含义包括两个方面:一方面,万国城**Moma**是中国科技主题地产的先锋项目,当代置业是国内地产界走科技主题地产之路的先锋企业;另一方面,万国城**Moma**是当代置业在发展科技主题地产战略指导下走出的坚定而关键的第一步。

11.2 Moma:当代置业科技主题地产产业化之路

在当代置业房地产发展过程当中,当代置业已经超越了做产品、做品牌的阶段,已经走入了在这个产业中做系统、做细节、做标准和做服务的阶段,这就是当代置业高舒适度、微能耗的万国城**Moma**深刻的人文内涵,这将是对中国住宅产业化、中国社会的最大贡献。

——当代置业总经理 韩凤国

11.2.1 Moma研发基地

为了搭建当代置业科技地产研发与展示平台,推广建筑科技与建筑艺术完美结合的新建筑,当代置业正在紧张地为"**Moma**研发基地"建设新址。

新建的"**Moma**研发基地"本身就是集最新建筑技

术大成的展示平台，代表科技地产发展的最高水平。通过运用世界上最先进的建筑技术，整合高效综合能源系统、资源循环再生系统、综合围护系统、环保节能设备、楼宇自动化系统等建筑科技系统，真正实现绿色、生态和零能耗。通过与国际上最杰出的建筑师合作，在优美的建筑外形与创意的空间格局中完美地融入各种先进的建筑科技，形成一个集建筑技术与建筑艺术为一体的标志性建筑。

建成后的"Moma研发基地"将是进行科技地产研发和推广的基地。"Moma研发基地"将组建实验工作室，定期组织专家论坛、技术交流会、学者访问等活动，组织设计竞赛、基金推广与奖励等，通过广泛的合作与整合优化资源，使"Moma研发基地"成为世界科技地产领域的"硅谷"。

"Moma研发基地"将积极推动科技地产产业化。科技地产的产业化核心内容包括两个方面：科技的市场化和生产的工业化。"Moma研发基地"整合各种社会资源，在政府和相关部门的大力支持下，通过当代置业的生产实践活动，大力促进建筑科学技术的市场化，积极推进建筑生产的工业化。

"Moma研发基地"同时也是展示科技地产最新成果的窗口。新建的"Moma研发基地"将是一个有生命的动态建筑。随着建筑科技的不断发展，"Moma研发基地"能不断更新自身采用的建筑技术，结合对最前沿建筑科技和建筑产品的展示，使"Moma研发基地"成为展现最新建筑科技发展水平和科技地产产业化发展进程

的重要窗口。

11.2.2 Moma科技促进基金

"Moma科技促进基金"将由当代置业与国内外政府机构、学术团体合作设立，将是一个以当代置业为主体、吸收国内外社会团体和其他组织以及个人自愿捐赠资金进行管理的民间非赢利性组织，是社会团体法人。

科技促进基金的活动宗旨是通过资金资助推进Moma科技主题地产的研究，推进可持续发展建筑科技的引进、研究、发展以及中国科技住宅产业化体系的建立。

基金使用办法如下：

（1）设立专项奖励基金，奖励与扶植在科技主题地产以及住宅产业化建设中取得成绩的企业、机构和学术团体，共同推动中国住宅产业化发展；

（2）定期举办国内国际学术交流、研讨与报告会，促进国内外学术团体与企业间合作与交流；

（3）定期对国内外前沿科技进行实地考察与研究；

（4）对国内住宅产业化现状与未来发展进行理论研究，总结住宅产业化研究成果，并与"Moma示范村"工程实践相结合；

（5）以"Moma研发基地"为日常研究和办公基地，以"Moma科技促进基金"为平台，进行长期的、开放性的合作，在万国城Moma科技产品的基础上进行深入研究，从微能耗出发，实现零能耗的伟大愿望，使Moma的技术产业化得以推广，共同推动住宅产业化发展。

附录(一)万国城Moma大事记

2003 年 10 月 18 日   万国城Moma在中国房地产业协会、中国房地产报社《新北京楼市》共同主办的"中国房地产成功经营模式——2003创建'健康住区'推介活动"中成为"2003健康住区推介模式"之一。

2003 年 12 月 11 日   万国城Moma在《北京晚报》举办的读者推荐"北京二十大健康楼盘"活动中当选"2003年北京二十大健康楼盘"之一。

2003 年 12 月 25 日   万国城Moma当选《北京青年报》"2003年地产年度楼盘"十佳之首。

2003 年 12 月 26 日   万国城Moma获得《华夏时报》社主办,北京电视台、搜狐网、焦点网协办的2003年"华夏传媒年度奖"评选的"华夏地产传媒年度楼盘"。

2004 年 1 月 9 日   万国城Moma跻身《新地产》杂志、新浪网联合发布的"2003北京十大豪宅公寓"之列。

2004 年 1 月 22 日   万国城Moma在新浪网主办的"2003年度北京地产创新行动"中获得"2003年度北京地产创新楼盘"称号。

2004 年 4 月 10 日   万国城Moma获得中国艺术研究院建筑艺术研究所颁发的"中国建筑艺术奖"。

2004 年 9 月 7 日   万国城Moma以"高科技百年建筑"的评价获得《新京报》颁发的"最佳建筑外观奖"和"最具可持续发展奖"。

2004 年 9 月 20 日   万国城Moma被评选为京城惟一获得 "2004年首届中国国际建筑艺术双年展国际居住建筑艺术综合金奖"的企业及项目。

2004 年 9 月	万国城Moma获得北京市科协、《北京青年报》、《北京科技报》主办的"科技与创新"论坛颁发的"最佳科技创新奖"。
2004 年 11 月 9 日	万国城Moma获得"亚洲人居环境国际峰会"颁发的惟一一项"亚洲绿色生态健康住区科技应用奖"。
2004 年 11 月 18 日	万国城Moma获得"2004年北京生态住宅水景论坛"评奖委员会颁发的"2004北京生态水景住宅奖"。
2004 年 11 月 18 日	北京市市长王岐山视察万国城Moma样板间,并听取当代置业总工程师陈音汇报。
2004 年 12 月 2 日	万国城Moma获得中国工商联住宅产业商会"精瑞住宅科学技术奖"评奖委员会颁发的"住区绿色生态技术奖金奖"。
2004 年 12 月 23 日	万国城Moma获《北京晚报》2004年度"京城楼市10大明星楼盘"奖。

附录(二)万国城 Moma 专利

(一) 重要发明专利

1.外墙复合保温板 2 项

2.新风分配系统

3.预埋件

(二) 外观设计专利 9 项

(三) 实用新型专利 10 项

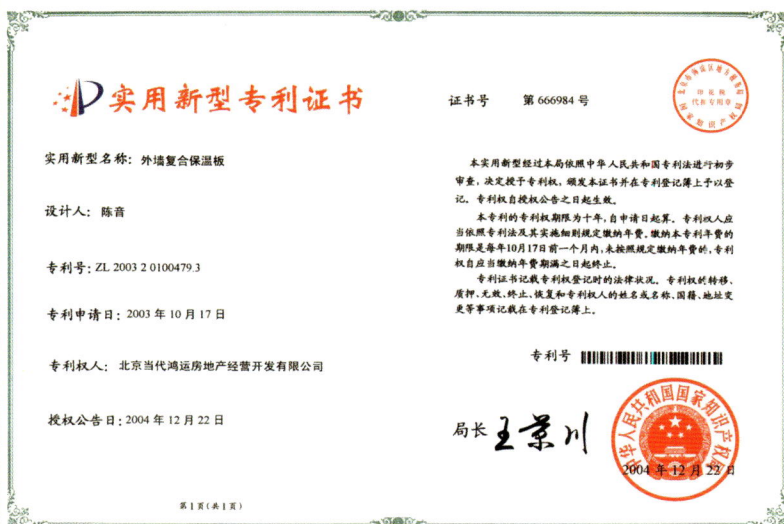

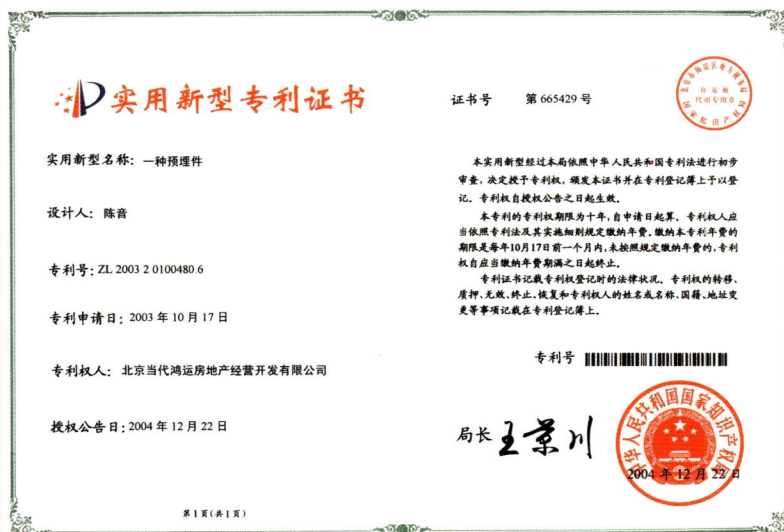

参考书目

1. 孟繁颖. 高能耗建筑达 99% 什么阻碍了建筑节能顺利推进. 科技日报, 2004 年 3 月 2 日

2. 罗林. 建筑创作中的人文关怀. 中外建筑, 2004(3)

3. 章念生. 给房子穿 "棉衣". 人民日报, 2003 年 6 月 26 日

4. 徐科峰. 钱城等. 建筑环境学. 北京: 机械工业出版社, 2003 年

5. 廖耀发. 建筑物理. 武汉: 武汉大学出版社, 2003

6. 林海燕. 居住建筑围护结构的节能问题. 建筑科学, 2001(5)

7. 李秋启. 程玉林等. 墙体的内保温与外保温. 建筑砌块与砌块建筑, 2001(2)

8. 杨善勤. 外保温墙体保温隔热性能优势. 建设科技, 2004(13)

9. 王浩. 节能住宅建筑综合经济分析. 墙材革新与建筑节能, 2004(8)

10. 董卫. 可持续发展的城市与建筑设计. 南京: 东南大学出版社, 1999

11. 晓闻. 我国的外墙外保温技术已经成熟. 建筑知识, 2000(2)

12. 赵明. 于中断热铝合金窗及其节能性. 墙材革新与建筑节能, 2002(3)

13. 黄夏东. 空调建筑门窗节能设计的探讨. 福建建设科技, 1997(3)

14. 任炳文. 浅谈遮阳系统在生态建筑中的应用. 房材与应用。2002(5)

15. 刘念雄. 欧洲新建筑的遮阳. 世界建筑, 2002(12)

16. 赵青扬. 漫谈建筑遮阳. 建筑知识, 2002(6)

17. 余宇峰, 康侍民等. 现有空调系统的几个健康安全问题及解决方案. 制冷与空调, 2004(3)

18. 林其标. 创造舒适的室内气候环境. 室内设计与装修, 1994(3)

19. 文继卿. 室内热微气候与人体热舒适. 甘肃科学学报, 1996(3)

20. 李俊锋. 太阳光对建筑物室内照明的补偿. 山西建筑, 2001(4)

21. 曹磊, 王星航. 建筑空间自然采光艺术设计. 照明工程学报, 2003(2)

22. 沈三陵. 建筑与自然光. 室内设计与装修, 1999(5)

23. 邓敬. 建筑空间视觉关联的创造. 重庆建筑大学学报, 2000(3)

24. 蒙德著. 关忠慧译. 光与影的设计. 长春: 辽宁科学技术出版社, 北京: 中国建筑工业出版社, 2002

25. 马彩玲. 光线对人体健康的影响. 中国保健营养, 1994(5)

26. 李林洁. 建筑光环境的构成及其审美价值. 家具与室内装饰, 2003(6)

27.谢浩，刘晓帆等.高层建筑中遮阳与艺术相结合的探讨.工业建筑，2002(11)

28.王大江.室内空气品质及其评价标准.大众标准化，2003(5)

29.徐东群.居室空气污染知多少.中老年保健，2004(10)

30.张晓清，崔世敏等.医疗区室内空气质量恶化的原因及对策.医学研究生学报，2004(11)

31.刘晓莲，李霞.对改善住宅空气环境的设计探讨.工程建设与设计，2004(8)

32.苏德权主编.通风与空气调节.哈尔滨：哈尔滨工业大学出版社，2002

33.曹叔维，周孝清等编.通风与空气调节工程.北京：中国建筑工业出版社，1998

34.世界银行.中国水资源援助战略.北京：中国水利水电出版社，2004

35.左其亭.面向可持续发展的水资源规划与管理.北京：中国水利水电出版社，2003

36.林玲.建筑给排水节水技术研究.重庆建筑，2004(5)

37.马金编著.建筑给水排水工程.北京：清华大学出版社，2004

38.李早.从人文角度看当代建筑思潮.合肥工业大学学报(社会科学版)，1998(2)

39.张凌.建筑中水.安徽建筑，2001(5)

40.詹俊英，赵海华.谈建筑小区中水回用.工程建设与设计，2004(11)

41.孙淑芳.关于排水地漏问题的探讨.油气田地面工程，2004(8)

42.高宝库.防渗盘套管、地漏的设计与应用.建筑，1996(5)

43.许肖梅.声学基础.北京：科学出版社，2003

44.马大猷.现代声学理论基础.北京：科学出版社，2004

45.章奎生.声学与建筑.声学技术，2002(Z1)

46.蔡彪，李一晖.使建筑声学融入建筑设计的尝试.华东交通大学学报第18期，2001(2)

47.项端祈.我国建筑声学的20年回顾与展望.应用声学，2002(1)

48.考恩著，建筑声学设计指南.李晋奎等译.北京：中国建筑工业出版社，2004

49.吴硕贤主编.建筑声学设计原理.北京：中国建筑工业出版社，2000

50.康玉成编著.建筑隔声设计.空气声隔声技术.北京：中国建筑工业出版社，2004

51.吕文斌.试论电梯的技术发展趋势.山西建筑，2003(6)

后　记

当代置业坚持走科技主题地产之路已有三年。三年来，以Moma技术为核心的地产技术日臻完美，Moma科技艺术新建筑深受消费者欢迎，Moma产业化之路业已乘风破浪……长久的文化积淀难持其重，终于引发了当代置业将三年来坚持走科技主题地产之路的经验、教训、感受、体验，结晶成一本书与大家分享的历史责任感。

高尔基曾经说过：书籍是人类进步的阶梯。写书、看书都是一件严肃的事情。我们的书应不应该写？写给谁看？如何写？从2004年9月开始，大量的调研、研讨、争论、脑力激荡……，这个阶段比我们真正动笔写稿花的时间还多。

当代集团战略决策委员会作出决定：这本书一定要写，而且一定要出精品！

2004年11月，一个包括张雷、韩凤国、陈音、李晶、余波、凌继、孙鹏、王岩、姜鹏、李波、张悠金等十一位高层领导的编委会组建完成，并确定由当代置业总经理韩凤国担任主编，当代置业总工程师陈音、当代置业副总经理王岩、当代置业副总经理姜鹏担任副主编。

当代集团内部多个部门对于本书的编写和最终出版做了大量的基础性工作。当代置业研发中心提供了详实的技术数据资料，当代集团信息管理中心提供了多年来当代集团的动态信息，张鹏、王维俭、任爱东、柯海明、郭强、明诗奇……太多的幕后英雄需要感谢。此外，还有多位行业主管领导给予了鼎力支持。在这里，我们只能将感谢之情化作以后工作的动力。

感谢天津大学建筑学院王立雄老师的审稿和提出的宝贵意见，感谢东南大学建筑学院柳孝图等老师对Moma样板间的技术测评工作。

最后，一并感谢章念生、廖耀发、董卫、苏德权、曹叔维、周孝清、左其亭、马大猷等几十位建筑界的学者、专家和媒体记者，您的论著或报道激发了我们的创作灵感，您的理论构成了本书精彩内容的一部分。但是，遗憾的是，有些引用图片和文字的原作者我们一时联系不上，我们真心希望您能够及时和我们取得联系，希望以后有更多的机会当面请教、切磋。

我们诚恳地希望越来越多的人士与企业参与Moma科技艺术新建筑的研究与开发，希望Moma科技之路越来越宽，越来越多的人亲身享受到Moma科技筑屋。

本书作者

图书在版编目(CIP)数据

走向Moma科技艺术新建筑／当代置业编著．—北京：
中国建筑工业出版社，2005

ISBN 7-112-07114-3

Ⅰ.走... Ⅱ.当... Ⅲ.房地产－项目－简介－北
京市 Ⅳ.F299.271

中国版本图书馆 CIP 数据核字（2005）第 003182 号

万国城Moma是当代置业以可持续发展理念进行住宅开发
的一次大规模尝试，整合运用了21世纪世界可持续发展建筑科
技的最新成果与晚期现代主义建筑艺术观念，实现了高舒适度、
微能耗与恒温恒湿的居住环境，也完美延续了北京的历史文明
与建筑艺术。万国城已经成为北京、中国居住建筑与人居环境
的优秀范例，得到了政府、专家与各界的广泛赞同与支持。

责任编辑：陈 桦
责任校对：刘 梅 王 莉

走向Moma科技艺术新建筑
Museum of Modern Applied-science Architecture
当代置业 编著
主 编：韩凤国
副主编：陈 音 王 岩 姜 鹏
*
中国建筑工业出版社出版、发行(北京西郊百万庄)
新华书店经销
北京广厦京港图文有限公司设计制作
北京佳信达艺术印刷有限公司印刷
*
开本：889 × 1194毫米 1/16 印张：9¼ 字数：286千字
2005年1月第一版 2005年1月第一次印刷
印数：1-6,000册 定价：**98.00**元
ISBN 7-112-07114-3
TU · 6345(13068)

《走向Moma科技艺术新建筑》

亲爱的读者朋友，感谢您抽出宝贵的时间来阅读《走向Moma科技艺术新建筑》！希望占用您两分钟的时间来完成这份读者调查表，我们为所有的参与者都准备了精美礼品。

让我们了解您：

1．您的年龄是：　A．18～24岁　　B．25～34岁　　C．35～50岁　　D．50岁以上

2．您的学历是：　A．大专及大专以下　　B．大学本科　　C．硕士及硕士以上

3．您属于：

    A．准备购房者

    B．房地产行业从业人员

    C．其他

4．您关注房地产行业吗？

    A．非常关注　　B．偶尔关注　　C．毫不关心

5．您通过何种途径知道并得到这本书的？

    A．书店购买　　B．公司馈赠　　C．朋友推荐　　D．其他途径

6．您认为这本书：

    A．虽然有一些商业色彩，但是仍然有思想的闪光点

    B．可以看出作者为地产业的发展积极思考的态度

    C．是多年从事房地产行业经验的结晶，是科技主题地产的正式宣言

7．您认为这本书对您的影响？

    A．几乎没有

    B．有一点，但是没有大的改观

    C．有一些影响，丰富了房地产方面的知识

    D．影响很大，影响了我对房地产行业的整体看法

8．您准备把这本书推荐给您的朋友吗？

    A．不准备，因为身边没有对此感兴趣的朋友

    B．当然了，这么好的书一定要推荐给朋友，不管他对房地产感不感兴趣

    C．当然了，身边恰好有几个朋友对此感兴趣

让我们认识您：

姓名：　　　　　性别：　　　　　年龄：

通讯地址：

邮政编码：

联系电话：　　　　　电子邮件：

我们的联系方式是：

地　　　址：北京市东城区东直门香河园路1号　当代集团

邮　　　编：100028　（请在来信背面注明"读者调查"）

联系电话：010-84488866